SVENJA WALTER

Spiele-Trickkiste

DIE GU-QUALITÄTSGARANTIE

Wir möchten Ihnen mit den Informationen und Anregungen in diesem Buch das Leben erleichtern und Sie inspirieren, Neues auszuprobieren. Bei jedem unserer Produkte achten wir auf Aktualität und stellen höchste Ansprüche an Inhalt, Optik und Ausstattung.
Alle Informationen werden von unseren Autoren und unserer Fachredaktion sorgfältig ausgewählt und mehrfach geprüft. Deshalb bieten wir Ihnen eine 100 %ige Qualitätsgarantie.

Darauf können Sie sich verlassen:
Wir bieten Ihnen alle wichtigen Informationen sowie praktischen Rat – damit können Sie dafür sorgen, dass Ihre Kinder glücklich und gesund aufwachsen. Wir garantieren, dass:
- alle Übungen und Anleitungen in der Praxis geprüft und
- unsere Autoren echte Experten mit langjähriger Erfahrung sind.

Wir möchten für Sie immer besser werden:
Sollten wir mit diesem Buch Ihre Erwartungen nicht erfüllen, lassen Sie es uns bitte wissen! Nehmen Sie einfach Kontakt zu unserem Leserservice auf. Sie erhalten von uns kostenlos einen Ratgeber zum gleichen oder ähnlichen Thema. Die Kontaktdaten unseres Leserservice finden Sie am Ende dieses Buches.

GRÄFE UND UNZER VERLAG. *Der erste Ratgeberverlag – seit 1722.*

INHALT

Das Leben mit Kindern 5

DRINNEN

Top Ten Spielzeuge für drinnen ... 10
Kinderzimmer: Ein Ort zum
Wohlfühlen 11
Spielkulissen bauen............ 12
Die gemalte Welt 14
Mal jemand ganz anderer sein ... 16
Schminken und Verkleiden 18
Badewannenspaß................ 19
Tobespiele 20
Abenteuer zu Hause 21
Kleine Bücherwürmer............22
Vom Buch zum Film 24
Vorführung 25
Top Ten Bastelzubehör..........26
Basteln mit Karton 27
Bücher selber basteln 28
Meine eigene Anziehpuppe......30
Schnelle Geschenke............ 31
Aus alt mach neu 32
Schatzkisten basteln...........34
Stammbaum 35

DRAUSSEN

Top Ten Spielzeuge für draußen .. 38
Hütten bauen 39
Schatzsuche und Ausgrabung ... 40
Zielen, Schießen, Werfen........42
Die Straßen meiner Stadt........44
Malen mit Wasser.............. 46
Kräuterküche 47
Der Spaßparcours.............. 48
Regentag......................49
Planschbeckenspaß............50
Draußen sammeln, drinnen
basteln........................52
Outdoorbasteln 54
Colabombe 56
Besonders reizvolle Ausflüge 58

INHALT

ESSEN

Top Ten der Kindergerichte 62
Die kinderfreundliche Küche 62
Speisenplanung 64
Schulbrotvorlieben 66
Heikes Zauberapfel 68
Kinder helfen spielerisch 69
Brotzeit für alle 70
Die Einkaufsliste 71
Rituale rund ums Essen 72
Spontanes Miteinander 76
Zwölf Rezepte, die Kinder lieben . . 78
   Frikadellen, die allen schmecken 78
   Hähnchen mit Zitronengemüse 79
   Lasagne mit Fleisch 80
   Die weltbeste Lasagne ohne Fleisch . . . 81
   Schafskäse aus dem Backofen mit
   Ofenkartoffeln 82
   Die Wunderwürze 83
   Gurkensalat, der süchtig macht 83
   Sahnewaffeln 84
   Frische Quarkbällchen 84
   Saftiger, schneller Zitronenkuchen
   vom Blech 85
   Oma Hildes Apfelkuchen 86
   Muffins für jeden Geschmack 87

FEIERN

Wie organisiere ich ein Fest? 90
Einladungen basteln 94
Dekorieren 95
Essen 104
Geburtstagstraditionen 106
Die Prinzessinnen-Teeparty 108
Der Piratengeburtstag 116

PLANUNG & ORGANISATION

Der Kalender 126
Der große Ordner 127
Morgenroutine 128
Abendroutine 129
Die Facebook-Gruppe 130
Die laminierte Liste 131
Das Raus-Regal 132
Back to school 133
Die Jahresplanung 134
Das Zitatebuch 135
Die Jahreszeitenliste 136
Das Erinnerungsglas 138
Memorabilia 139
Das Fotojahresbuch 140
Sommerfotos-Checkliste 142

Hilfreiche Adressen und Bücher . . 143

Die Spiele-Trickkiste steckt voller Spielideen und Bastelspaß für ein schöneres Leben, voller Tipps und Tricks für einen bunteren und leichteren Alltag. Für alle, die wissen: Sie sind genau jetzt mittendrin in der glücklichen Kindheit ihrer Kinder.

Das Leben mit Kindern

»Leg dich sofort hin, wenn dein Baby schläft«, sagte Claudia zu mir, nachdem ich mein erstes Kind auf die Welt gebracht hatte. »Räum nicht erst auf – denn wenn du gerade damit fertig bist, wacht deine Tochter garantiert wieder auf. Und du hattest null Erholung.«
Das sollte für Jahre der beste Tipp sein, den mir jemand geben würde. Ja, solche Tipps sind unbezahlbar und extrem selten. Jahre habe ich damit verbracht, ein Buch zu suchen, das mir wirklich dabei hilft, den Alltag mit Kindern besser zu bewältigen. Gut gelaunt, mit hilfreichen Spielen und Ideen für jede Situation. Ich habe es nicht gefunden und mich deshalb gefragt: Bin ich die Einzige, die das nicht aus dem Ärmel schüttelt? Die die vielen Herausforderungen mit kleinen Kindern nicht spielend bewältigt? Und die mit der permanenten Fremdbestimmung nicht umgehen kann?
Hier muss eine Nase geputzt werden, da mag einer das Essen nicht und dort kriegt der nächste einen hysterischen Anfall, weil das Lieblings-T-Shirt in der Wäsche ist. Manche Tage scheinen endlos und wenn dann noch ein Glas Milch umkippt, könnte man ausflippen – oder heulen. Am Ende des Tages steht oft die totale Erschöpfung und die Frage: Wann wird das endlich besser?

WIE MACHE ICH MEINE KINDER UND MICH GLÜCKLICH?

Es wurde besser. Genau ab dem Moment, ab dem ich begriff, dass das Leben mit Kindern ganz anderen, völlig eigenen Gesetzen folgt. Dass es einen Code gibt, eine Sprache, die ich noch nicht spreche.
Und so habe ich in den letzten zehn Jahren gelernt, wie man mit Kindern harmonisch zusammenlebt und was am besten funktioniert. Oder besser: Wie meine Kinder und ich zusammen am besten funktionieren. An Regentagen und in der niemals zu enden scheinenden Ferienzeit. An Kindergeburtstagen, wenn sie überdreht sind oder wenn sie mal wieder kein Gemüse essen wollen. Ich habe immer mehr meinen ganz eigenen Weg gefunden, Mutter zu sein und darüber schreibe ich auf www.meinesvenja.de.
Heute weiß ich, wie ich meine Kinder zum Lachen bringe, wenn sie schlecht drauf sind. Ich habe Spiel- oder Bastelideen zur Hand, wenn Langeweile aufkommt. Höre zu, wenn es für die Kinder wichtig ist. Ich schaffe es, die Büchereibücher pünktlich abzugeben und etwas

zu kochen, was meine Kinder gern essen. Ich erlebe mit meiner Familie Abenteuer, die unseren Familienzusammenhalt festigen. Und last but not least: Ich schaffe es, mir ohne schlechtes Gewissen Zeit für mich zu nehmen. Denn nur eine glückliche und entspannte Mutter hat glückliche und entspannte Kinder.

Vieles, was in diesem Buch steht, hätte ich selbst gern gewusst, als ich eine junge Mutter war. Es gibt sie – die Spiele, die spielerischen Strategien und die Rituale, die das Leben mit Kindern leichter machen. Die den Kindern Sicherheit und Selbstvertrauen geben. Und ihnen für das restliche Leben das Gefühl vermitteln, dass ihre Kindheit schön war.

WAS BIETET DIESES BUCH?

Ideen für Kinder von zwei bis 14 Jahren. Für Kinder, die sich mal austoben müssen, einen Anschubser zur Selbstbeschäftigung oder für das gemeinsame Spiel mit anderen Kindern brauchen. Basteltipps, Draußenspaß, Wasserplanschereien und Abenteuer in der Natur. Ein paar Rezepte, die Kindern die Welt bedeuten (und Müttern auch, weil endlich mal gegessen wird, was auf den Tisch kommt). Anregungen für Feste und Kindergeburtstage – von der Einladung über die Dekoration bis hin zu Spielen und Menüvorschlägen. Und natürlich Ideen, die die Kreativität und Fantasie anregen und den Gemeinschaftssinn und das soziale Miteinander der Kinder fördern.

Dazu kommt Alltagshilfe in Form von Regeln und strukturierten Abläufen, die nicht langweilig sind oder nur den Zeigefinger heben. Stattdessen werden Kinder und ihre Bedürfnisse ernst genommen. Die Eltern geben einen verlässlichen Rahmen vor, innerhalb dessen ihre Kinder die Möglichkeit haben, den Alltag mitzugestalten und Geborgenheit zu erleben. So bleibt mehr Raum für all das Schöne, Berührende und Lustige. Denn mein bester Rat heute lautet: Nehmt euch mehr Zeit für das, was euch wirklich glücklich macht.

In diesem Sinne
Eure Svenja

Das sagen Svenjas Leserinnen:

»Mannomann, deine Art zu schreiben tut gut. Sie entspannt. Und das ist es, was uns fehlt, damit wir Mütter unsere wunderschöne Aufgabe von Anfang an viel mehr genießen können.«

»Ich habe gelesen und gelesen und gelacht und bin berührt und begeistert. Danke, dass Du dies alles mit mir, mit uns teilst, wunderbar!«

»Ein großes, dickes Danke für dein Blog, dein Engagement, deine Offenheit und deinen Zitronenkuchen.«

»Ich sauge Deine Beiträge hier förmlich in mich auf und bereue jeden Tag, an dem ich noch nichts von Deinem Blog wusste. Nun möchte ich es besser machen! Ich sitze hier und weiß - ich werde Dinge in die Hand nehmen! Ab jetzt, mit Deinem Blog, mit Dir! Und ich habe selten so viel Lust darauf gehabt!«

DRINNEN

Hier gleich die erste tolle Idee:
»Landschaften legen«. Tücher und
Requisiten auf dem Boden verteilen.
Die Kinder dürfen sich passend zum Motto
verkleiden und in die »Landschaft« legen.
Sie können fliegen, an Lianen schwingen,
in die Tiefsee tauchen und auf dem
Fahrrad zum Mond reisen.
Zum Schluss eine Leiter aufstellen und
das Ganze von oben fotografieren.

DRINNEN

KINDERZIMMER: EIN ORT ZUM WOHLFÜHLEN

GANZ EINFACH: KINDERZIMMER SOLLTEN NACH DEN BEDÜRFNISSEN DER KINDER EINGERICHTET SEIN.

Wenn eure Kinder gern malen, gestaltet ihr eine Malecke, in der alle Materialien gut erreichbar sind. Wenn euer Junge nur mit Autos spielt, braucht ihr freie Bodenfläche und jede Menge Bauklötze, Legosteine und so weiter, um Landschaften zu bauen, durch die die Autos fahren können. Die Leseecke für eure Buchwürmchen wird kuschelig gestaltet – mit Sitzsäcken und Teppichen, Matratzen oder Bodenkissen. Wenn eure Kinder noch klein sind, lagert ihr Spielzeug am besten in niedrigen, offenen Regalen in mit Symbolen versehenen Kisten. Am einfachsten: Fotografiert den Inhalt und klebt dieses Foto vorn auf die Kiste. So kann das Kind sich selbst bedienen und auch beim Aufräumen helfen.

Svenjas Super-
GEHEIM-Tipp:

Kleines Aufräum-Ritual am Abend: Geht mit euren Kindern und einer großen Klappkiste durchs Haus, sammelt alle Spielzeuge wieder ein und räumt sie zurück an ihren Platz.

DRINNEN

Spielkulissen bauen

BUDENBAUEN IST BEI KINDERN VIELE JAHRE LANG BELIEBT –
UND ES IST DABEI JEDE MENGE ABWECHSLUNG MÖGLICH.

Um eine Bude zu bauen, reichen oft zwei stabile Kissen und eine Decke. Die Kissen einfach links und rechts aufstellen, Decke darüber ausbreiten, fertig. Wenn ihr noch ein paar Kissen und Decken mehr im Spielzimmer bereitlegt, haben eure Kinder auch mehr Möglichkeiten und fangen an zu experimentieren. Sie bauen Buden unter dem Tisch, zwischen mehreren Stühlen und unter dem Hochbett. Am meisten Spaß haben sie, wenn die Bude einen bestimmten Ort darstellt, den sie einrichten und zu dem sie sich Geschichten ausdenken können – eine echte Spielkulisse eben.

DRINNEN

AUF HOHER SEE

Heute stecht ihr in See und baut ein Schiff – mit Kojen und Kajüte, einem Segel, einem Krähennest und einer Kanone. Wer ist für das Essen verantwortlich und bekocht die Mannschaft? Was braucht man für eine gemütliche Koje? Geht ihr für lange Zeit an Bord und braucht Vorräte? Woraus baut ihr ein Beiboot – damit ihr zwischendurch Fische angeln könnt, um zu überleben? Mit so einer Spielkulisse sind Kinder lange beschäftigt und glücklich.

Weitere Ideen für spannende Buden

Prinzessinnenschloss
Reitstall
Ferienlager
Raumstation
Campingplatz

> DRINNEN

DIE GEMALTE WELT

KINDER LIEBEN NICHTS MEHR, ALS SICH EIGENE
WELTEN ZU ERSCHAFFEN. AM BESTEN SOLCHE, DIE
SIE DANN DEN GANZEN TAG LANG MIT FREUNDEN
ODER GESCHWISTERN BESPIELEN KÖNNEN.

- *Eine bemalbare Unterlage (aus Stoff, Karton, Papier, Holz)*
- *Stifte (am besten große Wachsmalkreiden oder Buntstifte, die nicht durchdrücken)*
- *Stoff, Tonpapier, bunte Papiere, Tesakrepp*
- *Steine und Kiesel, Äste, Blätter, Blüten*

Was ihr braucht

UND SO GEHT'S

Zuerst die Unterlage mit Tesakrepp am Boden befestigen, damit sie nicht verrutscht.

Überlegt gemeinsam, was ihr malen wollt. Eher eine kleine, vertraute Welt (den Kindergarten, die Schule, das eigene Haus)? Oder eine größere Welt (eure Siedlung, den Zoo, eure Stadt)? Oder eine Fantasielandschaft (auf dem Mond, im Feenland)? Malt alles, was diese Welt braucht, damit sie funktioniert.

Ist die Welt fertig, kann sie nun nach Herzenslust bespielt werden – mit Schleichtieren, Playmobilmännchen oder Bauklötzen. Natürlich könnt ihr auch eine kleine gewundene Eisenbahnstrecke durch die Welt ziehen oder eine Autoschanze aufbauen. Oder seid ihr in einer Puppenklinik? Dann nehmt Schuhkartons und richtet mit Gästehandtüchern Betten für die Patienten ein.

DRINNEN

Svenjas Super-GEHEIM-Tipp:

Wie bringt man kleinen Kindern das Malen bei? Die Lösung heißt Ed Emberley – ein über 80-jähriger amerikanischer Künstler, der verstanden hat, dass Kinder am schnellsten durch Imitation lernen. Ed hat eine ganz einfache Zeichensprache entwickelt, durch die Kinder Formen zu komplexeren Motiven zusammenbauen können – Schritt für Schritt. Das Krokodil, das ihr unten auf dem Bild seht, hat meine damals vierjährige Tochter nach diesem System gemalt. Nach unzähligen Regenbögen war der Groschen gefallen.

DRINNEN

MAL JEMAND GANZ ANDERER SEIN

ROLLENSPIELE MACHEN SPASS, DIE KINDER LERNEN EINE MENGE UND WEITEN
DIE WELT, DIE SIE KENNEN, NACH UND NACH AUS.

IM KRANKENHAUS

Kinder lieben es, wenn man sich um sie kümmert. Beim Krankenhausspielen sind die Rollen mal anders verteilt: Jetzt dürfen die Kleinen die Kümmerer sein. Dazu bauen sie Krankenbetten, Untersuchungsliegen, einen Raum für die Krankenschwestern und natürlich eine Caféteria. Vor dem Spiel müssen sie noch ein paar Dinge zusammentragen: Ist der Verbandskasten komplett oder brauchen sie neue Pflaster? Ein Kühlpack für Verletzte kann nicht schaden. Genauso wie ein großes weißes Handtuch, mit dem sie einen Gips wickeln können. Mit ein bisschen Glück rückt die Oberschwester (Mutter) noch ein paar Tabletten (Smarties) und Hustensaft (O-Saft) raus.

Übrigens: Ich habe wahrscheinlich alle im Handel erhältlichen Spielzeug-Verbandskästen gekauft – keiner hat wirklich lange gehalten. Bis mir ein Geistesblitz kam und ich meinen Kindern einen echten Verbandskasten geschenkt habe. Ein bisschen entschärft (je nach Alter der Kinder muss die Verbandsschere raus), hat sich der nicht nur als wesentlich günstiger, sondern auch als spannender und langlebiger bewährt.

DRINNEN

VATER, MUTTER, KIND

Eine neue Aufgabe für Kuscheltiere und Puppen? Regt die Kinder an, ihnen Rollen zuzuweisen: Der Bär ist der Vater, das Schaf die Mutter und die Puppe, der Hamster und das Pferd sind die Kinder. Dann gibt es noch die Großmutter, die Lehrerin, zwei Freundinnen und den Gemüsehändler – und schon sehen die Kinder eine völlig neue Welt vor sich.

So entsteht auch Raum für spannende Lernfragen: Was ist bei uns »typisch Mama«, »typisch Papa«, »typisch Kinder« oder »typisch Oma«? Kennen wir auch Menschen, die die Aufgaben in ihrer Familie (Kinderbetreuung, Essen kochen, Hausarbeit, Geld verdienen) anders verteilt haben als wir?

DRINNEN

SCHMINKEN UND VERKLEIDEN

VERKLEIDEN UND SCHMINKEN, DAS GEHÖRT ZU DEN ABSOLUTEN LIEBLINGSSPIELEN ALLER KINDER. ES LOHNT ALSO, EINEN KLEINEN KOSTÜMFUNDUS ANZULEGEN.

Hebt nicht nur alle Karnevalskostüme auf, sondern denkt auch immer dann an die Verkleidungskiste, wenn ihr euren eigenen Kleiderschrank ausmistet. Ein zu enges Paillettentop kann zum Discokleid umfunktioniert werden. Und das lange weiße T-Shirt mit den Löchern taugt zum Gruselgespenst.

Außerdem lohnt es sich, richtig gute Kinderschminke zu kaufen. Von Kryolan gibt es Schminksets, die wie Wasserfarbkästen aussehen. Die Schminke ist hochwertig, gut verträglich und lässt sich einfach mit einem Pinsel und etwas Wasser auftragen. Schminkanleitungen gibt es im Internet.

Svenjas Super-GEHEIM-Tipp:

Discounter verkaufen einige Wochen vor Karneval und Halloween Kostüme – oft für sehr wenig Geld. Um die Angebote nicht zu verpassen, abonniert einfach die Newsletter der einschlägigen Discounter und seid am Verkaufstag frühmorgens im Markt.

BADEWANNENSPASS

BADEN IST FÜR DIE MEISTEN KINDER EIN HIGHLIGHT – UND FÜR MÜDE MÜTTER EINE WUNDERBARE CHANCE, DIE KINDER ABENDS SCHNELLER INS BETT ZU BEKOMMEN. DENN NICHTS MACHT SCHLÄFRIGER ALS EINE WANNENZEIT, IN DER GETOBT UND GESPIELT WERDEN DARF.

▸ Die noch leere Wanne mit Wasserfarben anmalen – ein Riesenspaß.

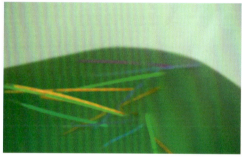

▸ Neon-Knickleuchtstäbe – und schon wird's bunt-romantisch.

▸ Die Badekugel »Sunny Side« von Lush verwandelt das Wasser in flüssiges Gold.

▸ Schwimmen auch Schleichtiere gern? Probiert es aus!

▸ Plastikschüsseln, leere Shampooflaschen und Cremedosen für eine »Bade-Teestunde«.

▸ Rasiercreme mit Lebensmittelfarbe – herrlich zum Herumschmieren!

Tobespiele

GERADE WENN DAS WETTER SICH NICHT ZUM DRAUSSEN-SPIELEN EIGNET, KRIEGEN KINDER GERN MAL EINEN HEIMKOLLER. BEVOR ES IMMER LAUTER WIRD, LEITET DIE ENERGIEN IN EIN ERLAUBTES TOBESPIEL ÜBER. WENN ES ZU WILD WIRD, KÖNNT IHR IMMER NOCH EINEN SPIELSTOPP AUSRUFEN UND EINE APFELSCHORLE- UND GUMMIBÄRCHENPAUSE ANBIETEN.

▶ Sumoringer in Papas großen T-Shirts mit darunter gestopften Kissen.

▶ Hindernisparcours mit Bändern.

▶ »Schneeballschlacht« mit Socken.

▶ In Kissenhaufen lässt sich herrlich hineinspringen.

DRINNEN

ABENTEUER ZU HAUSE

UNSERE KINDER SIND AN LICHT AUF KNOPFDRUCK GEWÖHNT – UND AN ALL DIE ANNEHMLICHKEITEN, DIE STROM MIT SICH BRINGT.

Wie wäre es, mal einen Abend ohne Strom zu sein? Probiert doch einmal aus, wie das Leben »ohne« ablaufen würde, indem ihr ab Eintritt der Dunkelheit komplett darauf verzichtet. Erst einmal braucht ihr jede Menge Kerzen – und könnt dieses Spiel deshalb auch wunderbar dazu nutzen, den Umgang damit noch einmal zu erklären. Wo kann man Kerzen sicher aufstellen, wo nicht? Wo brauchen wir überall Kerzen? Esst nur Dinge, die weder Kühlschrank noch Herd brauchen. Und statt Nintendo zu spielen oder fernzusehen, geht es für die Kinder ab in die Badewanne – natürlich auch bei Kerzenlicht.

CAMPEN ZU HAUSE

Dazu braucht ihr Schlafsäcke und ein »Lagerfeuer« (wenn ihr keinen Kamin habt, nehmt einfach mehrere Kerzen, die ihr in die Mitte auf den Boden stellt – vorher Sicherheitsregeln besprechen). Das Licht wird selbstverständlich ausgemacht und jeder bekommt eine Taschenlampe und ein Buch. Oder ihr erzählt euch Geschichten.

Die fortgeschrittene Version? Ein Pop-up-Zelt aufschlagen und »richtig« zelten. Oder ihr legt ein großes Laken über den Esstisch und eure Kinder richten sich mit ihren Bettdecken darunter ein.

Eine andere Idee: Macht es zum Abenteuer, am Wochenende mal die Betten zu tauschen. Schlafen die Kinder im Ehebett und die Eltern im Etagenbett? Oder doch lieber ein Matratzenlager im Gästezimmer, wo alle nebeneinander liegen? Beim gemeinsamen Frühstück könnt ihr euch dann darüber unterhalten, was jedem besonders gut gefallen hat. War das Bett bequem? Hat man noch lange gelesen oder gequatscht? War die Bettdecke dicker oder dünner als die eigene? Was würde man ändern, wenn man ab jetzt immer dort schlafen würde?

Lernfragen, die Spaß machen

Wie haben die Menschen früher ohne Strom gelebt?

Worauf mussten sie verzichten?

Wie haben sie ohne Strom gekocht oder Langeweile vertrieben?

Seit wann gibt es Strom?

Woher kommt eigentlich Strom?

DRINNEN

KLEINE BÜCHERWÜRMER

WILLKOMMEN IN DER MAGISCHEN WELT DER BÜCHER! LESEN REGT DIE FANTASIE AN UND SCHULT DAS AUSDRUCKSVERMÖGEN. HIER ZEHN TIPPS, WIE IHR DEN UMGANG MIT BÜCHERN ABWECHSLUNGSREICH UND SPANNEND GESTALTEN KÖNNT.

1 Die Bücherecke

Legt ein großes Sitzkissen zum bequemen Reinlümmeln in eine leere Ecke des Zimmers. Dann stellt eine Bücherkiste oder ein Bücherregal daneben – und legt vielleicht noch eine Kuscheldecke dazu.

2 Vorlesen

Sobald ein Kind lesen kann, darf es auch die Rolle des Vorlesers übernehmen. Oder ihr bittet die Großeltern, ein Buch vorzulesen und dabei ein Band mitlaufen zu lassen. So könnt ihr Oma oder Opa ab und zu ganz nah heranholen, wenn die Sehnsucht groß ist.

3 DER FAMILIENBUCHCLUB

Macht gemeinsame Leseabende oder lest jeder für sich, wenn die Kinder groß genug sind. Dann sprecht ihr miteinander über das Buch. Wie fand es jeder? Was hat wem gut gefallen, was weniger gut? Welche Figur fand wer am interessantesten?

4 Buch des Tages

Jeden Tag stellt ihr ein anderes Buch mit dem Cover nach vorn im Wohnzimmer ins Bücherregal. Das kann ein Kinderbuch sein oder ein Bildband, ein Kochbuch oder ein Lexikon mit vielen Bildern.

5 GESCHICHTEN ERFINDEN

Ihr könnt gemeinsam eine Geschichte erfinden, vielleicht mit den Lieblingsfiguren aus euren Büchern? Jeder darf immer einen Satz weitererzählen.

6 15 Minuten Lesebonus

Wer im Bett liest, darf das Licht 15 Minuten länger anlassen.

DRINNEN

7

BÜCHER LEIHEN

Bücher sind etwas Wertvolles und müssen gut behandelt werden. Das lernen eure Kinder am besten durch regelmäßige Bibliotheksbesuche. Die Kinder dürfen nach Lust und Laune aussuchen, was ihr Herz begehrt. Sie können neue Sachen ausprobieren und zu Hause gebliebenen Geschwisterkindern eine Freude machen, indem sie Bücher für sie mitbringen.

8

FÜLLE DIE LÜCKE

Manche Bücher habt ihr so oft vorgelesen, dass eure Kinder sie in- und auswendig kennen. Um den Spaß an diesen Lieblingsbüchern aufrechtzuerhalten, lasst immer mal wieder ein Wort aus und ermutigt eure Kinder, die Lücke zu füllen. Oder: Bevor das Ende kommt, unterbrecht ihr das Vorlesen. Wer kann die Geschichte zu Ende erzählen – aber mal ganz anders, als wir sie bis jetzt kennen?

9

Bücher tauschen

Wenn eure etwas größeren Kinder das nächste Mal Freunde einladen, bittet sie doch, fünf oder zehn Bücher mitzunehmen, die sie gern tauschen würden. Zu Hause legen eure Kinder die gleiche Anzahl an Büchern raus – und los geht's mit dem fröhlichen Tauschen.

10

BÜCHER FÜRS LEBEN

Leiht euch Bücher, die Tipps für die jeweilige Jahreszeit bieten. Egal ob ihr Plätzchen backen, ein Fest feiern oder einen Drachen bauen möchtet – in der Bibliothek gibt es garantiert ein Buch dazu.

DRINNEN

Vom Buch zum Film

BUCHVERFILMUNGEN ANSCHAUEN IST EIN GANZ BESONDERES ABENTEUER.
MIR IST UNSER »ERSTES MAL« NOCH IN WUNDERBARER ERINNERUNG.

Meine Kinder waren seit Langem ziemlich wild darauf, endlich Harry Potter auf DVD zu schauen. Ich fand das ja zu gruselig, aber der erste Film ist ab sechs Jahren freigegeben. Und da mein Sohn gerade sechs Jahre alt geworden war, habe ich mich erweichen lassen. Allerdings nicht ganz ohne Trick. Denn ich dachte: Wenn ich das erlaube, dann nur, wenn wir das Buch vorher gemeinsam lesen. Ich habe also jeden Abend vorgelesen und dann war die spannende Kinosession angesetzt.

Kaum fing der Film an, kam das erste Mal der Satz, auf den ich gewartet hatte: »Das habe ich mir aber ganz anders vorgestellt.« Also habe ich auf Pause gedrückt und erklärt. Vom Zauber des Lesens und wie ein Wort bei uns Menschen im Kopf unterschiedliche Bilder auslöst. Das, was wir in dem Harry-Potter-Film sehen, ist auch das Fantasiebild von jemandem. Eigentlich sogar von mehreren Menschen, weil eben der eine das Drehbuch schreibt und der zweite das Bühnenbild entwirft und der dritte die Masken und Kostüme macht.

Ab da hatten meine Kinder plötzlich viel zu sagen. Den Raum, in dem die Zauberstäbe verkauft werden, fand mein Sohn zu klein. Meine Tochter hatte geahnt, dass die Zauberstäbe in Schachteln verpackt sind: »Wie soll man die denn sonst finden?« Aber Harrys Besen, der Nimbus 2000, der hat gar keinen Sitz. Das hatte sich im Buch ganz anders angehört. Und schon waren wir mittendrin, in einer Diskussion darüber, was besser ist – der Film oder das Buch. Dass beide sich für das Buch entschieden, lag wohl daran, dass der Film für meine Kinder ewig hätte weitergehen können. »Der Film ist aber kurz!« Das nächste Thema – wir redeten darüber, wie schnell Zeit vergeht, wenn man Spaß hat. Dass dieser Film genauso lang ist wie ein langweiliger Film, uns aber trotzdem kürzer vorkommt.

Und dann war plötzlich auch einer dieser Momente da, in dem ich mal wieder dachte: »Ja, es ist so wunderbar, Kinder zu haben!« Als Harry, der beide Eltern verloren hat, stundenlang vor dem Zauberspiegel Nehegreb sitzt, weil er in ihm seine Eltern sieht, sagte mein Sohn mit roten Bäckchen, glänzenden Augen und leicht belegter Stimme: »Der sitzt da die ganze Nacht …, weil er seine Eltern so vermisst!«

DRINNEN

Vorführung

Ungezählte Stunden sitzen Eltern jedes Jahr in Kinderzimmern, weil es eine Vorführung zu bestaunen gibt. Da werden Programme geschrieben, Eintrittskarten gemalt, Kulissen gebaut. Da gibt es Kostüme und Schminke. Rollen werden verteilt, Geschichten und Abläufe ausgedacht und stundenlang geprobt. Egal ob Zaubershow oder Modenschau, ein Besuch in einem Vampirschloss oder die klassische Zirkusvorführung: Wenn ihr euren Kindern die Materialien zur Verfügung stellt, die sie für ihre Aufführung brauchen, ist diese Beschäftigung ein sicherer Garant für ein langes, selbstständiges Spielen.

Wie wäre es mal mit einem Film statt einer Live-Vorführung? Wenn die Kinder etwas einstudieren, proben und aufführen – und das alles mit einer Kamera begleiten? Am Ende des Abends werden die Fotos oder der Film dann präsentiert. Wetten, dass ihr Sachen sehen werdet, die ihr so noch nie gesehen habt?

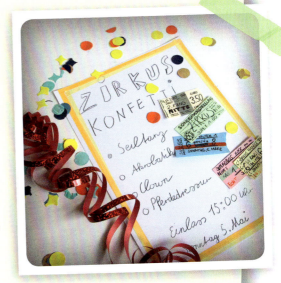

DRINNEN

TOP TEN BASTELZUBEHÖR

BASTELN KANN DIE FANTASIE BEFLÜGELN UND DIE VIELFÄLTIGSTEN FORMEN HERVORZAUBERN.
ZEHN SACHEN, DIE IHR DAFÜR IMMER IM HAUS HABEN SOLLTET.

STIFTE

FLÜSSIGKLEBER
KLEBSTIFT,
SPRÜHKLEBER

HEISSKLEBER

SCHERE UND CUTTERMESSER

ALTE ZEITUNGEN,
SCHACHTELN,
VERPACKUNGEN

TESA, MASKING TAPE,
PAKETKLEBEBAND

UNTERLAGEN

FARBEN (WASSERFARBEN, ABTÖNFARBEN)

BASTELPAPIERE

BASTELKARTON

26

DRINNEN

BASTELN MIT KARTON

KLEBEN, BIEGEN, SCHNEIDEN, VERBINDEN – WER DIE GRUNDLEGENDEN BASTELSCHRITTE DRAUFHAT, KANN SO RICHTIG KREATIV WERDEN.

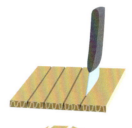

DOWNLOAD AUF MEINESVENJA.DE

KLEBEN

Wo die Teile überlappen sollen, mit einem Cutter einritzen. Parallel zu den Wellen arbeiten. An der eingeritzten Stelle umknicken. Unterseite mit Kleber einstreichen und das andere Teil daran festkleben.

BIEGEN

In Wellenrichtung einritzen. Und vorsichtig einrollen.

SCHNEIDEN

Bei dünnem Karton mit der Schere. Sonst mit dem Cuttermesser. Bei geraden Schnitten ein Lineal zu Hilfe nehmen. Rundungen gelingen am besten freihand.

Was kann man alles aus Karton bauen?

Parkhaus und Murmelbahn, Wanddeko und Karnevalskostüm, Spielhaus und Puppenstube mit Möbeln, Feuerwehrstation, Piratenschiff, Rennwagen, Kinderpost, Limonadenstand

Basteln mit Karton findet ihr unter www.meinesvenja.de/downloads.

VERBINDEN OHNE KLEBER

Entweder mit Paketband. Oder Verbindungsschlitze ins Material schneiden und die Teile dann ineinander feststecken.

DRINNEN

BÜCHER SELBER BASTELN

ES GIBT SO VIELE MOMENTE, IN DENEN KINDER ETWAS AUFSCHREIBEN MÖCHTEN.
WIE WÄRE ES, WENN SIE DAZU DIREKT EIN KLEINES BUCH BASTELN,
UM ETWAS BESONDERES DARAUS ZU MACHEN?

DAS ZAHNLÜCKENBUCH

Im Zahnlückenbuch wird vermerkt, welcher Zahn wann das erste Mal gewackelt hat und wann er dann rausgefallen ist. Ein Foto von der Zahnlücke und ein Bild vom Zahn könnt ihr auch einkleben. Und: Was hat die Zahnfee gebracht? So ein Buch ist auch eine tolle Erinnerung für später, wenn die eigenen Kinder mal Kinder bekommen und sagen können: »Schau mal, Mami ist ihr erster Zahn viel später als dir ausgefallen.«

DAS GEHEIME GEBURTSTAGSBUCH

Die Planung des eigenen Geburtstags beschäftigt die meisten Kinder gedanklich das ganze Jahr über. Wen lade ich ein? Wie und wo will ich feiern? Gibt es ein Motto? Was wünsche ich mir? Was soll es zu essen geben? ... Ein Geburtstagsbuch gibt den Kindern die Möglichkeit, all ihre Ideen und Wünsche an einem Ort zu notieren und zu sammeln – und dann direkt zur Hand zu haben, wenn es so weit ist.

DRINNEN

▶ Ihr braucht Schere, Lochzange, Karton, farbiges Papier, Fotos, Stifte, Kleber, Gummis.

▶ Zwei Kartons zurechtschneiden. Blätter minimal kleiner zuschneiden.

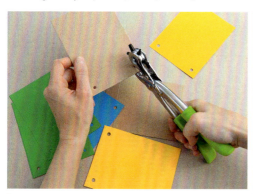

▶ Mit der Lochzange lochen.

▶ Blätter und Karton bemalen, bekleben und dekorieren.

▶ Alles zu einem Buch zusammenlegen.

▶ Haushaltsgummi durchziehen und jeweils eine Schlaufe machen.

Meine eigene Anziehpuppe

ANZIEHPUPPEN WIRKEN HEUTE FAST VERALTET – ABER SIND SOFORT WIEDER INTERESSANT FÜR KINDER, WENN SIE »SICH SELBST« AN- UND AUSZIEHEN UND DIE KLEIDUNG SELBST ENTWERFEN DÜRFEN.

▶ Kind aufrecht stehend fotografieren.

▶ Foto mehrfach ausdrucken, einen Ausdruck fein ausschneiden und laminieren.

▶ Auf die anderen Ausdrucke Kleidung aufmalen und ausschneiden.

▶ Mit den »Schnittmustern« Kleidungsstücke anfertigen.

▶ Und die laminierte Figur damit anziehen.

Svenjas Super-GEHEIM-Tipp:

Nicht nur zu Stift und Papier greifen, sondern auch zu Stoffresten und Kleber. Auch toll: die Kleider mit Borten, Pailletten und Glitzer verschönern.

> DRINNEN

Schnelle Geschenke

MIT EINEM LAMINIERGERÄT KANN MAN AUCH SCHNELLE GESCHENKE BASTELN. FOTOGRAFIERT EURE KINDER DABEI, WIE SIE IN DIE LUFT SPRINGEN UND DIE ARME NACH OBEN RECKEN. ODER LUSTIGE GRIMASSEN SCHNEIDEN UND WILDE VERRENKUNGEN MACHEN. UND DANN?

SEIFENSPENDER

1. Ausdrucken.
2. An der Körperlinie ausschneiden.
3. Laminieren.
4. Mit ein bisschen Folienrand drumherum ausschneiden.
5. Eingerollt in den Seifenspender stecken.

LESEZEICHEN

Oder ihr bastelt ein Lesezeichen: In das laminierte Bild oben mit dem Locher ein Loch reinknipsen und Wollfäden oder Stoffreste festknoten.

KÜHLSCHRANKMAGNET

Dafür klebt ihr einen flachen Magneten mit Sekundenkleber hinten am laminierten Bild fest.

DRINNEN

AUS ALT MACH NEU

KINDER LERNEN HEUTZUTAGE FRÜH, SORGSAM MIT DER UMWELT UMZUGEHEN. ABER NICHTS IST LANGWEILIGER ALS EIN PERMANENT ERHOBENER ZEIGEFINGER. VIEL SCHÖNER IST ES, DEN KINDERN DEN GEDANKEN AN WIEDERVERWERTBARE ROHSTOFFE SPIELERISCH ZU ERSCHLIESSEN.

LAPTOP

Zum Beispiel könnt ihr im Handumdrehen aus zwei alten Pizzaschachteln einen Laptop basteln. Dazu eine Schachtel in der Mitte durchschneiden und damit die übrige Schachtel von hinten stabilisieren. Aus der anderen Hälfte die Tastatur basteln: einfach Tasten aufmalen. Den Bildschirm zuerst mit schwarzem Tonpapier bekleben und dem Laptop mit einigen ausgedruckten Screenshots den letzten Schliff verleihen.

Lernfragen, die Spaß machen

Woraus werden Verpackungen gemacht?

Was passiert mit den Verpackungen, wenn man nichts aus ihnen bastelt?

Was bedeutet der Grüne Punkt?

Wie können wir mit unseren leeren Verpackungen dazu beitragen, dass es der Welt noch lange gut geht?

DRINNEN

DOWNLOAD AUF MEINE SVENJA.DE

MÄRCHENLANDSCHAFT

Aus Kartons eine märchenhafte Landschaft zu basteln ist viel einfacher, als es aussieht. Druckt euch den »Basteln mit Karton«-Download von *www.meinesvenja.de/downloads* aus und legt einfach los. Hier ein Prinzessinnen-Turm, dort ein Rundbogenfenster und ein Stall für die Einhörner. Ein Teich mit Seerosen darf natürlich auch nicht fehlen.

Weitere Ideen

- Leere Müslischachteln werden zu Aquarium, Fühlspiel oder 3-D-Buchstaben.
- Leere Milch- oder Getränkekartons werden zu Städten oder Segelbooten.
- Pappbecher zu Geschenkkartons.

DRINNEN

Schatzkisten basteln

DOSEN SIND EINE WUNDERBARE ERFINDUNG – FÜR KLEINE SCHÄTZE, GEHEIMNISSE, GESCHENKE UND SAMMLUNGEN.

DOWNLOAD AUF MEINE SVENJA.DE

Sehr gute Basis für besonders individuelle Schatzkistchen sind die Grundtal-Dosen von Ikea. Sie haben einen Magneten auf der Rückseite, sodass man sie wunderbar an Heizungen, Metallboards und Kühlschranktüren hängen kann. Natürlich könnt ihr sie auch einfach so irgendwo hinstellen.
Unter *www.meinesvenja.de/downloads* könnt ihr zwei bunte Alphabete herunterladen, die genau in die Grundtal-Deckel passen. Weiter findet ihr dort ein paar ausdruckbare Wörter wie »Geheim«, »Brauch ich noch«, »Wichtig« oder »Schön«. Und die Zahlen von 1 bis 24. Die eignen sich auch prima für einen Adventskalender. Am besten sehen die Ausdrucke auf mattem Fotopapier aus.

Wichtig: Geht auf »Drucken«, dann gibt es unter »Optionen« oder »Details« die Möglichkeit: »Anpassen der Seitengröße«. Da bitte auf »Keine« oder »Nicht Skalieren« klicken – sonst werden die Kreise in der falschen Größe ausgedruckt. Beim Ausschneiden so genau arbeiten, dass kein weißer Rand mehr zu sehen ist – aber auch nicht zu viel abschneiden.

DRINNEN

STAMMBAUM

KINDER WOLLEN WISSEN, WOHER SIE KOMMEN. DAMIT SIE EINE VORSTELLUNG VON IHRER FAMILIE BEKOMMEN, KÖNNT IHR EINEN STAMMBAUM BASTELN.

Hatte Oma auch eine Mama? Wie lange sind Oma und Opa eigentlich verheiratet? Ist Onkel Frank älter oder jünger als du, Papa? Unter *www.meinesvenja.de/downloads* findet ihr eine Stammbaumvorlage, die genau in die Ikea-Ribbarahmen passt. Dabei könnt ihr zwischen vier unterschiedlichen Farben auswählen. Für die Vorlage eurer Wahl einfach Fotos eurer Familie ausdrucken, die Köpfe ausschneiden und jeweils in das runde, weiße Feld einkleben. Der Stammbaum kann mithilfe des downloadbaren Zusatzbogens mit Extraschildern komplett personalisiert werden – schließlich ist in Zeiten der Patchworkfamilie fast alles möglich.

DOWNLOAD AUF *MEINESVENJA.DE*

DRAUSSEN

Frische Luft, grüner Rasen und das Gefühl grenzenloser Freiheit. Das sind die wohl schönsten Erinnerungen unserer eigenen Kindheit – und etwas, das wir unseren Kindern auch ermöglichen wollen. Wir begleiten sie Stück für Stück aus dem sicheren Umfeld ihres Zuhauses in die große weite Welt. Tolle Ideen dazu gibt's hier.

DRAUSSEN

Top Ten Spielzeuge für draußen

Draußen ist mehr Platz, da kann ganz anders getobt werden als im Haus. Mit diesen Spielzeugen ist der Spaß über Jahre garantiert.

- Fahrrad, Roller, Kettcar
- Zelt oder Spielhaus
- Rollschuhe, Skateboard, Wakeboard
- Bollerwagen
- Basketball und Wurfkorb
- Trampolin
- Planschbecken
- Badminton, Boccia, Kegeln, Frisbee
- Fußball
- Sandspielzeug

DRAUSSEN

Hütten bauen

DER KLASSIKER FÜR DRAUSSEN: HÜTTEN BAUEN AUS ALLEN MÖGLICHEN MATERIALIEN – AUS DEM, WAS IHR IN DER NATUR VORFINDET, UND DINGEN VON ZU HAUSE.

Vielleicht habt ihr Lust, einmal ganz archaisch in den Wald oder die nähere Umgebung aufzubrechen, um Holz, Äste und abgebrochene Zweige zu sammeln und dann im Garten daraus eine Hütte zu bauen. Da ist tagelanger Spielspaß garantiert. Oder ihr spannt Seile zwischen mehreren Bäumen und behängt sie mit Gardinen, Decken oder Stoffen. Jetzt wird die Hütte eingerichtet – mit Luftmatratzen oder Yogamatten, Picknickdecken und Kissen. Oder mit Kinderstühlchen und einer umgedrehten Wäschewanne als Tisch. Wird in der Hütte gegessen? Vorgelesen? Mit Puppen gespielt? Oder eine Tierklinik eröffnet? Die Möglichkeiten sind endlos.
Kleiner Extra-Tipp: Stabile Seile sind so vielseitig einsetzbar, dass es sich lohnt, in gute Qualität zu investieren: in bunte Nylonware aus dem Baumarkt. Damit die Seile an den Enden nicht auffusseln, haltet kurz ein Feuerzeug dran. So verschmelzen die Fäden an der Schnittstelle und die Seile bleiben lange brauchbar.

DRAUSSEN

SCHATZSUCHE UND AUSGRABUNG

EGAL OB OSTEREIERSUCHE, SCHNITZELJAGD ODER VERSTECKEN
SPIELEN – KINDER LIEBEN ES, ZU SUCHEN UND ZU FINDEN. SIE KÖNNEN
SICH GANZE NACHMITTAGE DAMIT BESCHÄFTIGEN.

DIE KLEINE SCHATZKISTE

Ihr solltet niemals ohne Blumenmesser und Plastiktüte in die Natur gehen – denn irgendwas finden Kinder immer, das sich mitzunehmen lohnt. Ihr könnt daraus auch ein Spiel machen. Einfach eine kleine Metalldose mithilfe von Pappe in mehrere Fächer unterteilen und eure Kinder damit beauftragen, die interessantesten Dinge zu sammeln, die sie finden können. Zu Hause können sie dann noch einige Infos zu dem Ausflug auf ein Stück Papier schreiben und es in den Deckel kleben – fertig ist die kleine Schatzkiste.

DIE NATUR-SCHATZSUCHE

Wie wäre es statt der »Schnitzeljagd« mit einer »Natur-Schatzsuche«? Dazu gebt ihr den Kindern eine Liste in die Hand, auf der viele Dinge stehen, die sie finden müssen. Die ausführliche Liste gibt's unter www.meinesvenja.de/downloads.

DRAUSSEN

DAS ENDE DER EISZEIT

Dieses Spiel ist ein Riesenspaß, wenn es draußen knallig heiß ist. Nehmt Schleichtiere, Flummis, Legosteine – also Dinge, die beim Einfrieren keinen Schaden nehmen. Dann steckt ihr einen Gegenstand in einen Luftballon, füllt diesen mit Wasser und legt ihn ins Eisfach. Oder ihr packt mehrere Teile in eine Frischhaltedose, die ihr wiederum mit Wasser auffüllt und einfriert. Wenn alles gefroren ist, dürfen eure Kinder mit kleinen (und ungefährlichen) Werkzeugen wie einer Zahnbürste oder einem Löffel die »Ausgrabung« beginnen.

Lernfragen, die Spaß machen

Wann war die Eiszeit?

Welche Tiere haben damals gelebt?

Warum war die Eiszeit irgendwann zu Ende?

Was ist eine Expedition? Was eine Ausgrabung?

Finden auch jetzt gerade irgendwo auf der Welt Ausgrabungen statt? Auch in Deutschland? Auch in unserer Stadt?

Wusstet ihr, dass viele Museumsexponate bei Ausgrabungen gefunden wurden?

SUCH DIE FARBE!

Kostet nichts und ist mal was ganz anderes: die Farbkartenschatzsuche. Dazu schneidet ihr Farbkarten aus dem Baumarkt auseinander und drückt den Kindern zehn Farbschnipsel in die Hand. Ihre Aufgabe: »Findet einen Gegenstand, der genau diese Farbe hat.« Dieses Spiel beschäftigt Kinder stundenlang – vor allem, wenn ihr ihnen genug Farbnachschub liefert.

DRAUSSEN

ZIELEN, SCHIESSEN, WERFEN

WER KINDER HAT, HAT BÄLLE – UND WER BÄLLE HAT, BRAUCHT ETWAS,
WORAUF MAN ZIELEN KANN. ZIEL- UND WURFSPIELE SIND IMMER DER RENNER.

DOSENWERFEN

Der Klassiker. Dazu eine paar leere Dosen sammeln (bitte ohne scharfe Kanten). Mit Plakafarbe anmalen und noch einmal mit durchsichtiger Plakafarbe lasieren. Das Ganze macht ihr am besten bei schönem Wetter und draußen – die Farben riechen intensiv und müssen gut trocknen. Später müsst ihr nur noch die Dosen aufstellen und los geht's. Wenn ihr keine Bälle in der passenden Größe habt: Zusammengerollte Sockenpaare tun's auch.

ANGRY BIRDS

Bei der Spiele-App mit diesem Namen geht es darum, etwas durch genaues Zielen zu treffen und einstürzen zu lassen. Wenn ihr eure Kinder von der App weg auf die grüne Wiese bekommen möchtet, baut einfach ein Angry-Bird-Gebilde mit ihnen im Garten auf. Aus Umzugskartons, Müslischachteln, Schuhkartons – ein paar ausgedruckte grüne Schweineköpfe dürfen natürlich nicht fehlen …

DRAUSSEN

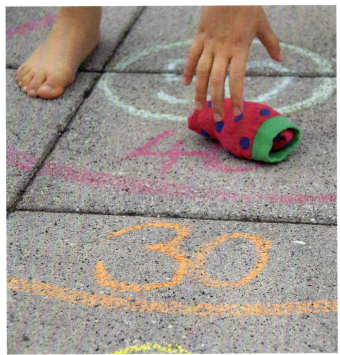

ZIELSCHEIBE

Malt mit Kreide eine große Zielscheibe auf den Boden. Der kleinste innere Kreis bekommt die höchste Punktzahl. Nach außen werden die Kreise immer größer und die Punkte weniger. Dann mit Sockenpaaren oder weichen Bällen, die nicht wegrollen, zielen.

TREFFER – VERSENKT

Füllt unterschiedlich große Schüsseln mit Wasser und stellt sie in gleichem Abstand auf dem Rasen auf. Dann legt ihr Flummis oder kleine Steine zum Werfen bereit. Treffen die Kinder in die vorderste Schüssel, bekommen sie zehn Punkte, bei der zweiten 20, bei der dritten 30 und so weiter. Je nachdem, wie viele Schüsseln ihr aufstellt, macht es Sinn, laminierte Zettel mit der jeweiligen Punktezahl neben die Schüsseln zu legen oder daran zu befestigen. Den Punktestand können die Kinder dann selbst mit Straßenkreide auf dem Bürgersteig neben der Wiese notieren.

DRAUSSEN

Die Straßen meiner Stadt

SPIELSPASS UND LERNEN ZU VERBINDEN IST AUCH DANN GANZ LEICHT, WENN ES UM DEN STRASSENVERKEHR GEHT. DIE FOLGENDEN IDEEN BIETEN ANREGENDE BESCHÄFTIGUNG FÜR VIELE ERFÜLLTE SPIELSTUNDEN.

Dieses Spiel ist fantastisch, wenn ihr sichere Bürgersteige oder Wege in eurer Nachbarschaft habt, auf denen eure Kinder Kettcar, Dreirad und Roller fahren können. Einfach mit Kreide Straßen, Ampeln, Zebrastreifen und Verkehrszeichen auf den Boden malen. Vielleicht habt ihr auch ein paar Pylonen, mit denen ihr den Kinderverkehr umleiten und Baustellen kennzeichnen könnt. Jetzt können eure Kinder lernen, sich im Verkehr zu bewegen, und wichtige Rollen übernehmen. Da gibt es den Polizisten, der an der Kreuzung die Autos durchwinkt, weil die Ampel ausgegangen ist. Den Schullotsen, der am Zebrastreifen steht. Den Tankwart und den Automechaniker (natürlich mit ein paar Requisiten, damit das Ganze echt aussieht). Und ganz wichtig: einen Schnellimbiss als Erfrischungsstation.

DRAUSSEN

Svenjas Super-GEHEIM-Tipp:

An einem richtig warmen Sommertag könnt ihr als Highlight einen Gartenschlauch anschließen und Waschstraße spielen: Alle Kinder dürfen auf ihren Fahrzeugen immer wieder unter dem erfrischenden Regen durchfahren. Wenn die »Autos« sauber sind: einfach ein paar Regenschirme verteilen, einem Kind den Schlauch in die Hand drücken – und die Wasserschlacht für eröffnet erklären.

Lernfragen, die Spaß machen

Was bedeutet rechts vor links?

Wer hat Vorfahrt: Auto oder Fahrrad?

Welche Regel gilt beim Zebrastreifen?

Was kann man an der Tankstelle alles machen?

> DRAUSSEN

MALEN MIT WASSER

OFT IST DIE LUST, ETWAS ANZUSTREICHEN, SEHR VIEL GRÖSSER ALS DIE GEEIGNETEN FLÄCHEN. DANN HEISST ES: WIR MALEN JETZT MIT NICHTS WEITER ALS MIT WASSER. DER GROSSE VORTEIL: DAFÜR GIBT ES IMMER GENÜGEND FLÄCHE.

Für dieses Spiel braucht ihr nur einen Eimer mit Wasser und große Pinsel aus dem Baumarkt. Jetzt werden Bürgersteige, Garagenauffahrten und Spielstraßen mit Wasser »bemalt« – mit Häusern, Blumen, Strichmännchen, Bäumen … Wie lange dauert es, bis das Gemälde anfängt wegzutrocknen? Natürlich können die Kinder auch ein Karomuster malen, ihre Namen schreiben, Matheaufgaben lösen oder Hüpfkästchen aufzeichnen.
Noch eine witzige Aufgabe: Gartenzaun streichen. Dazu einen Holzzaun mit Wasser einpinseln, sodass er dunkler und wie frisch gestrichen wirkt. Ebenfalls großen Spaß macht das mit Sprühflaschen – leer gewordene Flaschen dazu gut ausspülen und mit Wasser füllen.

Kräuterküche

Mit ein paar bunten Plastikschüsseln, Tellern und Tassen bewaffnet ziehen die Kinder in den Garten, um ihre Kräuterküche zu eröffnen.

- Gartensushi?
- Blätterrouladen?
- Risotto mit frischen Pilzen?
- Oder doch nur ein leichtes Gänseblümchensüppchen?
- Zum Nachtisch Waffeln mit Schlagsahne und Erdbeeren?

Der Fantasie der kleinen Köche sind keine Grenzen gesetzt. Wenn das Essen fertig ist, können sie eine alte Tischdecke auf dem Boden ausbreiten und ihren Kuscheltieren das Essen servieren. Natürlich erst, nachdem sie den Tisch festlich mit Blütenblättern und großen Blättersets dekoriert haben. Vielleicht finden sie ja auch noch kleine Zweige, die die Puppen als Messer und Gabel benutzen können. Selbst essen sollten sie ihre »Gerichte« natürlich nicht.

DRAUSSEN

Der Spaßparcours

EIN PAAR WITZIGE HINDERNISSE VERWANDELN SELBST EINE BLOSSE WIESE IN EINEN ABENTEUERSPIELPLATZ. DER FANTASIE SIND HIER KEINE GRENZEN GESETZT – EINFACH AUSPROBIEREN, WAS LUSTIG ZU WERDEN VERSPRICHT.

In einen Eimer voller Matsch steigen. Große Gummistiefel anziehen, die voller Wasser sind. Über Steine laufen und auf einer Wiese herumrollen. Ein Spaßparcours kommt immer gut an – vor allem, wenn das »Opfer« die Augen verbunden hat. Dann können die Kinder zur allgemeinen Belustigung auch falsche Hinweise geben und sagen: »Jetzt unter einem Seil durchkriechen«, obwohl gar keins da ist.
Eine andere Variante: Die Kinder dürfen selbstständig einen Hindernisparcours planen, aufbauen und am Ende alle Nachbarn und die Eltern hindurchschicken. Dabei ist alles möglich: werfen, Slalom, balancieren, springen, kriechen, rückwärts, einbeinig …

DRAUSSEN

Regentag

BEI REGEN KANN MAN NICHT DRAUSSEN SPIELEN? OH DOCH! MAN KANN.
UND MAN KANN SOGAR VIEL SPASS DABEI HABEN.

Nehmt große Müllbeutel und schneidet Löcher für den Kopf sowie Schlitze für die Arme hinein. Mit Gürteln und Tüchern habt ihr im Handumdrehen ein modisches Regen-Outfit. Gleich draußen ausprobieren!

WAS IHR IM REGEN ALLES MACHEN KÖNNT

- Badeanzüge anziehen und euch unter einem großen Sonnenschirm gegenseitig bunt anmalen. Danach den warmen Sommerregen die Farbe abwaschen lassen.
- Mit Kettcars oder Fahrrädern durch eine große Pfütze fahren.
- Blätter suchen oder Boote aus Papier falten und in kleinen Rinnsalen schwimmen lassen.
- Einen kleinen Staudamm bauen.

Lernfragen, die Spaß machen

Schaut euch an, was der Regen macht.

Wie sehen die Pflanzen aus?

Wie schmeckt Regen? Wie fühlt er sich auf der Haut an?

Wofür sind die Regenrinnen da?

In welche Richtung läuft das Wasser?

Wozu gibt es Gullis?

Wie sieht es aus, wenn Autos über nasse Straßen fahren?

DRAUSSEN

PLANSCHBECKENSPASS

SOMMER, KINDER, EIGENER GARTEN – DAS RUFT NACH EINEM PLANSCHBECKEN,
IN DEM AN DEN HEISSEN TAGEN NACH HERZENSLUST GETOBT WERDEN KANN.

Die meisten Kinder fiebern das ganze Jahr über dem Tag entgegen, an dem das Planschbecken aufgestellt werden kann. Endlich wieder ein Schwimmbad im eigenen Garten zu
haben ist aber auch herrlich. Vor allem wenn ihr alle Spielmöglichkeiten ausnutzt und
immer noch neue erfindet.

An besonders heißen Tagen kommen zum Beispiel Eiskugeln zur Abkühlung mit ins
Becken: Füllt dafür Wasser in Luftballons und legt sie über Nacht ins Eisfach. Wenn das
Wasser gefroren ist, den Gummi wegschneiden und die Eisballons im Planschbecken
schmelzen lassen. Herrlich erfrischend!

Abends, wenn das Planschbecken geleert werden soll,
könnt ihr euch alle mit Eimern bewaffnen und den
Garten bewässern.

Ein praktischer Tipp

Stellt immer eine kleine Extra-
wanne vor das Planschbecken, in
dem sich eure Kinder die Füße
säubern müssen, bevor sie ins
große Becken steigen. So ist das
Planschbecken nicht gleich voller
Dreck und Gras und das Spielen
macht länger Freude.

Svenjas Super-GEHEIM-Tipp:

Kinder lieben es, mit Wasserpisto-
len zu spielen. Meist langlebiger –
und günstiger – sind ausrangierte
Sprayflaschen von Glasreinigern und
Ähnlichem. Sie sollten gut gereinigt
sein. Dennoch die wichtige Regel:
Es darf nicht in Augen und Ohren
gespritzt werden. Wenn die Sprühflaschen langweilig werden, geht es
zur Rasensprengerattacke über.

DRAUSSEN

▶ Löcher in einer Plastikflasche – und schon »regnet« es.

▶ Pustewettbewerb mit Tischtennisbällen.

▶ Plastikschüsseln sollten bereitstehen. Auch Schneebesen oder Sieb sind super.

▶ Eiskugeln aus Luftballons, siehe Text auf Seite 50.

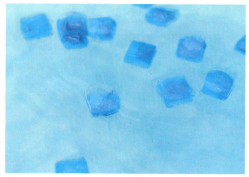
▶ Eiswürfel im Planschbecken, am besten mit Lebensmittelfarbe gefärbt.

▶ Kleine Ballons auf der Wasseroberfläche.

DRAUSSEN

DRAUSSEN SAMMELN, DRINNEN BASTELN

KINDER LIEBEN ES, ETWAS ZU SAMMELN. HIER EIN PAAR EINFACHE
ANREGUNGEN, WAS IHR AUS NATURMATERIALIEN BASTELN KÖNNT,
UM DIE JAHRESZEITEN INS HAUS ZU HOLEN.

BUNTES TREIBHOLZ

1 Treibholz suchen
und trocknen lassen.

2 Mit Abtönfarben
anmalen.

ANGEMALTE STEINE

1. Steine suchen, säubern und trocknen lassen.
2. Eine Unterlage auf den Tisch legen und eine Lage Zeitungspapier darauf ausbreiten, falls etwas tropft.
3. Pinsel, Wasserglas, Plakafarben, Klarlack und eine Küchenrolle parat legen.
4. Zuerst die Untergrundfarbe auftragen und antrocknen lassen.
5. Das Motiv aufmalen.
6. Den Klarlack erst auftragen, wenn die Farbe völlig durchgetrocknet sind. Nehmt dafür am besten einen sauberen, größeren Pinsel, damit ihr zügig überlackieren könnt und der Lack wirklich durchsichtig bleibt.

DRAUSSEN

OUTDOORBASTELN

GERADE GROSSFLÄCHIGERE BASTELEIEN MIT NASSEN FARBEN MACHEN KINDERN FREUDE – UND SIND FÜR UNS ELTERN EINE RIESIGE SCHMIEREREI. DESHALB MACHT ES SINN, SOLCHE AKTIONEN NACH DRAUSSEN ZU VERLEGEN.

DRAUSSEN

DAS GROSSE BILD

Erst mal bereitet ihr alles vor: Eine lange Rolle Packpapier (aus dem Baumarkt) ausbreiten, ein großes Stück mit Steinen beschweren. Plastikschälchen mit Abtönfarbe füllen und pro Schüssel einen Pinsel bereitlegen. Außerdem herbeischaffen: Kittel für die Kinder und ein paar alte Kissen zum Draufsetzen. Malkittel anziehen und los geht's.

SCRABBLE

Auch klasse: Ein einfaches Spiel wie Scrabble selbst basteln. Dazu schneidet ihr gleich große Kartonstücke aus und bemalt sie mit Buchstaben. Was sich noch für ein großes Format eignet? Draußen-Memory.

Colabombe

DAS HIGHLIGHT, MIT DEM IHR EUREN KINDERN ETWAS BIETEN KÖNNT, WENN NICHTS ANDERES MEHR ZIEHT. UND EHRLICH GESAGT: AUCH ALS ERWACHSENE HABE ICH MEINE HELLE FREUDE DARAN.

▸ Pfefferminzbonbons in einer Reihe auf einen Tesastreifen legen.

▸ Die Bonbons mit einem anderen Tesastreifen von oben fixieren.

▸ Die Colaflasche aufschrauben und ein kleines bisschen Cola abschütten.

▸ Die Tesa-Bonbons über der Flaschenöffnung positionieren.

▸ Die Rolle schnell in die Cola fallen lassen ...

▸ ... und: RENNEN!

DRAUSSEN

EINFACH WEIL ES SPASS MACHT!

Eine Colabombe ist sicher politisch nicht korrekt, aber eine Riesengaudi – und Mütter wissen, dass man manchmal einfach ein unvernünftiges Highlight braucht, das gerade deshalb so viel Spaß macht, weil es sonst verboten ist.

Die Idee einer Colabombe ist es, eine Packung Minzdrops möglichst schnell und komplett in der Colaflasche zu versenken, um so eine Colaexplosion auszulösen. Klar, dass das nur draußen geht. Und möglichst auch nicht direkt neben der Hauswand! Nach der Show einfach mit Wasser nachspülen, damit niemand kleben bleibt.

Kleiner Tipp

Beim Vorbereiten solltet ihr darauf achten, dass die Bonbons zwar gut in den Tesastreifen halten, aber so wenig wie möglich davon bedeckt sind. Je mehr Bonbonoberfläche mit der Cola in Berührung kommt, desto gigantischer ist die Explosion.

DRAUSSEN

Besonders reizvolle Ausflüge

IDEEN FÜR SONNTAGSAUSFLÜGE ODER FERIENTAGE DER ETWAS SPANNENDEREN ART FINDET IHR HIER. SPASS FÜR DIE GANZE FAMILIE IST GARANTIERT.

AM STRAND UND AM UFER

Am Strand oder am Ufer eines Sees gibt es bei jedem Wetter was zu erleben. Nehmt ein paar Schaufeln, Eimer und anderes Sandspielzeug mit, vielleicht auch Matschhosen und Gummistiefel. Baut Kanäle, Sandburgen oder kleine Seen und backt Sandkuchen. Auf jeden Fall mit im Gepäck: Entenfutter (altes Brot), eine wasserabweisende Picknickdecke, warme Getränke in einer Thermoskanne und eine Plastiktüte, falls eure Kinder Steine, Muscheln oder Stöcke sammeln wollen. Was ihr sonst noch machen könnt? Einen Staudamm bauen, Steine flitschen oder Steine mit Wasserfarbe anmalen.

NACHTSCHWIMMEN

Manchmal reicht es schon, etwas zu einer ungewohnten Tageszeit zu unternehmen, um ein kleines Abenteuer zu erleben. Wie wäre es mal mit Nachtschwimmen? Geht einfach erst um 18 Uhr ins Schwimmbad. Auf der Liege gibt es zwischendurch einen kleinen Snack und auf der Rückfahrt eine Stulle auf die Hand.

DER SONNENAUFGANG
Schaut am Abend zuvor nach, ob am nächsten Tag das Wetter stimmt und wann genau die Sonne aufgeht, und erlaubt euren Kindern, in ihrer Kleidung zu schlafen. So reicht es morgens, wenn alle verschlafen eine Jacke überziehen und sich ins Auto setzen. Für verfrorene Mäuse haltet ihr Decken und warmen Kakao bereit – und ab geht's auf den nächsten Berg, der euch eine wunderbare Sicht auf den Sonnenaufgang erlaubt.

FASZINATION FLIEGEN
Wenn ihr einen Flughafen in der Stadt habt, fahrt doch einfach mal zur Besucherterrasse und schaut euch Starts und Landungen an. Vielleicht könnt ihr auch eine Führung mitmachen. Wie funktioniert ein Flughafen? Was machen die Lotsen im Tower? Was sind eure Lieblingsflugzeuge? Wie viele Starts und Landungen zählt ihr in zehn Minuten?

BESICHTIGUNGEN SELBST ORGANISIEREN
Ob Polizei oder Heizkraftwerk, Feuerwehr oder Kläranlage, Staatsoper oder McDonalds – hinter den Kulissen gibt es viel zu entdecken. Ruft einfach einmal an und fragt, ob eine Besichtigung mit einer kleinen Gruppe nach Voranmeldung möglich ist. Ihr werdet überrascht sein, wie viele sich über euren Anruf freuen. Und was könnt ihr euch noch anschauen? Einen Supermarkt, eine große Bank mit einem Tresorraum, einen Bauernhof mit Molkereianlage, einen Hafen, eine Radio- oder Fernsehstation, die Post. Wenn ihr einen selbst gebackenen Kuchen mitbringt, ist das sicher ein netter Einstieg – und ein Dankeschön, das von Herzen kommt.

NEUE SCHWIMMBÄDER UND SPIELPLÄTZE
Viele Städte haben mehrere Schwimmbäder – oder eine Nachbarstadt mit einem größeren Bad. Wenn ihr gemeinsam mit euren Kindern eine Liste der Wunschschwimmbäder macht, wird Schwimmengehen wieder zum Abenteuer. Genauso eure Spielplatzbesuche – wollen die Kinder wirklich immer auf das gleiche Klettergerüst? Vielleicht gibt es ja gleich um die Ecke einen Abenteuerspielplatz mit einer Seilbahn, einer besonders langen Rutsche oder einem angrenzenden Bach?

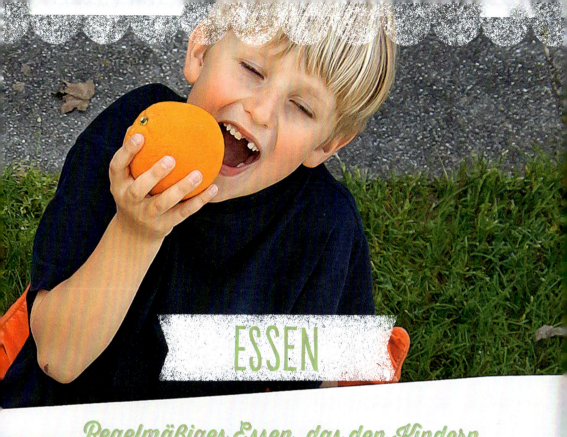

ESSEN

Regelmäßiges Essen, das den Kindern schmeckt, ist wichtig. Denn wir Eltern müssen sicherstellen, dass sie alle nötigen Nährstoffe bekommen. Gleichzeitig legen wir mit unseren Essensregeln einen Grundstein: Wir prägen den Geschmack unserer Kinder, ihren Umgang mit Nahrung und ihre Freude am Genuss.

Top Ten der Kindergerichte

Diese zehn Gerichte schmecken so gut wie allen Kindern:

- Spaghetti Bolognese
- Spätzle mit brauner Soße
- Lasagne
- Pfannkuchen
- Wiener mit Kartoffelsalat
- Pommes frites
- Pizza Margherita
- Fischstäbchen mit Kartoffelpüree
- Frikadellen
- Reibekuchen mit Apfelmus

Die kinderfreundliche Küche

AUCH DIE KÜCHE SOLLTE EIN ORT SEIN, AN DEM DIE KINDER GERN SIND UND SICH WILLKOMMEN UND ZU HAUSE FÜHLEN.

Wir Eltern sind viele Stunden am Tag mit der Zubereitung von Essen beschäftigt – und vergessen dabei oft, es uns so leicht wie möglich zu machen. Dabei können schon kleine Kinder helfen, den Tisch zu decken, und den eigenen Teller nach dem Essen wieder in die Küche bringen. Im Kindergarten ist es ja auch ganz normal, dass alle beim »Tischdienst« helfen. Weil unsere Kinder aber nicht nur zu den Hauptmahlzeiten Durst und Hunger haben, sondern auch zwischendrin, ist eine Sache besonders wichtig: die kinderfreundliche Küche.

ESSEN

UND SO GEHT'S

▶ Bewahrt Plastikteller und -becher in einem der unteren Küchenschränke auf, sodass schon die jüngeren Kinder selbst heranreichen können.

▶ Für kleine Kinder kann dort eine Trinkflasche stehen, für ältere Getränkeflaschen, aus denen sie sich selbst einschenken können.

▶ Wichtig: Stellt eine Rolle Küchentücher ins Fach, damit eure Kinder lernen, kleinere Überschwemmungen gleich selbst aufzuwischen.

▶ Stellt für den Hunger zwischendurch Snacks bereit. Dazu gibt es nur eine Regel: Das Kind muss fragen, ob es etwas essen darf, und Bescheid geben, was es sich nimmt.

▶ Im Snack-Container für den Küchenschrank gibt es beispielsweise: Äpfel und Trauben, Cocktailtomaten, kleine Salzbrezeln oder Salzstangen, Cracker, Rosinen, Apfelchips und andere getrocknete Früchte, Mandeln und Nüsse.

ESSEN

Speisenplanung

WÄRE ES NICHT TOLL, WENN IHR EUCH DIE FRAGE »WAS SOLL ICH HEUTE BLOSS KOCHEN?« NIE WIEDER STELLEN MÜSSTET? MIT EIN BISSCHEN PLANUNG KEIN PROBLEM.

REZEPTSAMMLUNG

Jeder in der Familie darf sagen, welche Gerichte ihm besonders gut schmecken. Aus dieser Sammlung macht ihr dann – selbst gebastelt oder über einen Fotobuchservice – ein Familienkochbuch. Wenn euch das zu aufwändig ist, beschriftet ihr einfach je Rezept eine Karteikarte. In einer Karteikartenbox ist das Ganze praktisch aufgehoben und leicht zugänglich. Dabei auch gut: die Rezeptblätter laminieren, sodass sie abwischbar sind. Wichtig: Nicht nur Hauptgerichte sammeln, sondern auch beliebte Nahrungsmittel und Beilagen. Das können die Stichworte »Müsli« oder »Eier« sein, genauso wie eine Auflistung der Lieblingsgemüsesorten, die ihr dann in Hauptmahlzeiten oder Beilagen verwandeln könnt. So habt ihr eine Inspirationsquelle – und eine Hilfestellung, wenn die Kinder mal wieder jammern, das es immer nur dasselbe gibt.

ESSEN

MAMAS SPEISEKARTE

Jeden Monat schreibt ihr eine Speisekarte, die sowohl Dauerbrenner enthalten kann als auch saisonal wechselnde Gerichte. Mit diesem Menü bewaffnet, setzt ihr euch sonntags zehn Minuten mit der Familie zusammen, um über die Speisenplanung für die nächste Woche zu beraten. Jeder Erwachsene darf ein Gericht aus der Speisekarte aussuchen, die Kinder – je nach Anzahl – mehrere. Einen Download gibt's unter *www.meinesvenja.de/downloads.*

DOWNLOAD AUF MEINESVENJA.DE

Svenjas Super-GEHEIM-Tipp:

Um nicht nur Fischstäbchen, Pizza und Nudeln auf dem Tisch zu haben, sind die Beilagen besonders wichtig. Und da kommt die besondere Regel ins Spiel: Die Erwachsenen dürfen die Beilagen aussuchen. Wenn es also Fischstäbchen gibt, macht ihr einen grünen Salat dazu – der zumindest probiert werden muss. Zu den Nudeln mit Bologneseoße gibt es Grilltomaten und Gurkensalat. So ist die Vitaminversorgung gesichert und alle haben das Gefühl, zu bekommen, was ihnen schmeckt und was sie sich gewünscht haben.

ESSEN

Schulbrotvorlieben

NICHTS IST FRUSTRIERENDER, ALS DIE MORGENS IN KOSTBAREN MINUTEN
GESCHMIERTEN PAUSENBROTE UNANGETASTET WIEDER ZURÜCKZUBEKOMMEN.

Das Problem lässt sich denkbar einfach lösen – indem ihr die Kinder fragt, was sie gern essen möchten. Auch wichtig: Bietet ihnen mehrere kleine Portionen an und nicht nur ein großes Salamibrot, auf das sie vielleicht gerade an dem Tag dann doch keine Lust haben. Stattdessen einfach jede Brothälfte anders belegen, vielleicht noch ein paar Cracker und Käsewürfel dazu. Kirschtomaten, Weintrauben und saure Gurken oder ein paar Erdnüsse. Manchmal ist auch der Rest Nudelsalat, der gestern schon so gut geschmeckt hat, genau das Richtige für die große Pause.

Svenjas Super-GEHEIM-Tipp:

Ihr könnt ein Zitat des Tages oder kleine Nachrichten in die Lunchbox schmuggeln. Oder eine Botschaft in die Bananenschale ritzen – das dunkelt nach und ist später gut erkennbar.

FRÜHSTÜCKSBOXEN

Wer seinen Kindern eine ansprechende Pausenbrotmahlzeit packen will, braucht dazu eine Frühstücksbox. Es gibt Boxen, die schon Unterteilungen haben. Wenn die nicht ausreichen, könnt ihr einfach Muffinförmchen aus Silikon nehmen, um die Nahrungsmittel voneinander zu trennen.

Heikes Zauberapfel

WIE MAN EINEN GESCHNITTENEN APFEL IN DIE SCHULE MITGIBT, OHNE DASS ER BRAUN WIRD (EIN TIPP MEINER FREUNDIN HEIKE).

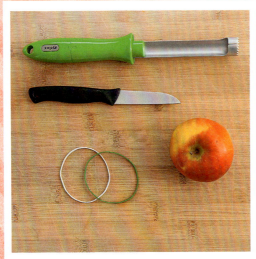

▶ Das richtige Werkzeug: Apfelausstecher, ein kleines Küchenmesser und Gummiringe.

▶ Mit dem Ausstecher das Kerngehäuse entfernen. Dann mit dem Küchenmesser zackenartig in den Apfel stechen.

▶ Wenn ihr den Apfel öffnet, entsteht diese wunderbare Zauberapfelblume.

▶ Zum Transport beide Hälften wieder verbinden.

ESSEN

Kinder helfen spielerisch

IHR ERWARTET GÄSTE. DA LÖST DIE FRAGE »KÖNNT IHR DEN TISCH DECKEN?«
BEI EUREN KINDERN MEIST EIN STÖHNEN AUS, ODER?

Wie wäre es, das Ganze ein bisschen kreativer anzugehen? Beziehet die Kinder bei den Vorbereitungen spielerisch mit ein. Den Esstisch mit Packpapier auslegen, das ihr unter der Tischplatte mit Klebeband befestigt, damit nichts verrutscht. Dann dürfen die Kinder mit Wachsmalkreide oder Buntstiften auf die »Tischdecke« malen. Entweder überlegt ihr zusammen ein Thema oder ihr zeichnet etwas vor, was die Kinder nur ausmalen müssen.
Ihr könnt sie auch eine Landschaft malen lassen, die sie danach mit Playmobilmännchen oder Schleichtieren in Szene setzen dürfen. Schon sind sie mit Feuereifer dabei!

Was können Kinder je nach Alter beim Essenmachen tun?

Grissini mit Schinken umwickeln

Herztomatenspießchen stecken

Möhrenblumen oder -herzen schnitzen

Foodsticks in Frikadellen, Käsewürfel und Ähnliches stecken

ESSEN

Brotzeit für alle

EURE KINDER HABEN SCHON WIEDER HUNGER, ABER DAS SPIEL IST NOCH
IN VOLLEM GANGE? DANN EIGNET SICH DAS ZIMMERPICKNICK. ES WIRD AUF EINEM
HOLZBRETT ANGERICHTET, IST GANZ SCHNELL GEMACHT UND MIT EIN PAAR
FÄHNCHEN VERZIERT AUCH EIN ECHTER HINGUCKER.

DIE MISCHUNG MACHT'S

▶ *It's all about looks:* Ein hübsches Brotzeitbrett, bunte Schüsseln und Glasschüsseln. Kleine Fähnchen und bunte Spieße. Und Kräuter oder Blumen zur Deko.

▶ *Klein, aber fein:* Käsewürfel. Einzelne Weintrauben. Geviertelte Eier. Schmale Gemüsesticks. Mundgerechte Brezelstücke.

▶ *Was auch immer geht:* Gemüsesticks und Dips, Käsespieße, aufgeschnittene Gurken, saure Gurken, Butter, Aufschnitt, kleine Rote-Bete-Kugeln, Mozzarella-Kugeln, Nutella, Marmelade, Kirschtomaten, Weintrauben, Apfelwürfel, Bananenscheiben und jede Art von Beeren. Schaut einfach mal auf der Pausenbrot-Liste von Seite 67 nach – da werdet ihr sicher noch die eine oder andere Snackidee finden.

ESSEN

Die Einkaufsliste

IHR KOMMT REGELMÄSSIG AUS DEM SUPERMARKT UND HABT IRGENDWAS VERGESSEN? DANN SOLLTET IHR VIELLEICHT MIT MEHR KREATIVITÄT AN EURE EINKAUFSLISTE GEHEN. SOGAR DIE KINDER KÖNNEN DABEI MITHELFEN.

Frisches Kochen erfordert frische Zutaten – und die müssen regelmäßig eingekauft werden. Um jederzeit eine möglichst vollständige Einkaufsliste zur Hand zu haben, kann die ganze Familie mit einbezogen werden. An einer bestimmten Stelle im Haus legt ihr immer die aktuelle Einkaufsliste und einen Stift aus (am besten dafür einen Stift kennzeichnen, der nicht weggenommen werden darf). Sobald jemand bemerkt, dass etwas fehlt, muss er es auf die Liste schreiben. Das macht auch Kindern Spaß – und es ist nie zu früh, um sie an solche Regeln zu gewöhnen. Die Kleinsten können übrigens auch aufmalen, was nach ihrem Geschmack gekauft werden sollte.

Svenjas Super-GEHEIM-Tipp:

Nehmt euch einmal die Zeit, eine wirklich praktische Einkaufsliste anzulegen, die ihr dann für alle Zeiten verwenden könnt. Dazu mit Zettel und Stift bewaffnet durch den Stammsupermarkt ziehen und die häufig gekauften Lebensmittel in der Reihenfolge ihres Vorkommens aufschreiben. Das heißt: Wenn ihr den Supermarkt betretet und zuerst durch die Gemüseabteilung kommt, schreibt ihr auch als Erstes das Gemüse auf und so weiter. Nachher einfach die Liste abtippen – und nun könnt ihr bei jedem Einkauf mit nur einer Runde durch den Markt sicher sein, dass ihr nichts vergessen habt. Manche Supermärkte haben sogar Übersichtspläne an der Kasse liegen. Fragt mal danach, das kann es euch sehr erleichtern, eure Liste zu erstellen.

ESSEN

Rituale rund ums Essen

GERADE BEIM ESSEN LIEBEN KINDER DINGE, »DIE WIR SCHON IMMER SO MACHEN«. UND WENN ES NUR DIE GROSSE AUSNAHME-BROTZEIT EINMAL DIE WOCHE VOR DEM FERNSEHER IST … RITUALE RUND UMS ESSEN VERMITTELN DABEI NICHT NUR SICHERHEIT, SONDERN KÖNNEN EBEN AUCH SPASS MACHEN.

DIE EISSCHUBLADE

Reserviert die oberste Schublade eures Gefrierschranks für verschiedene Sorten Eis am Stiel. Wichtig ist, dass die Kinder eine Auswahl haben. Wenn dann Snackzeit ist, ruft ihr alle zusammen und nehmt die Schublade raus: Die Kinder sehen das Paradies – und werden es euch mit strahlenden Augen danken.

ESSEN

KEKSE UND MILCH

Es gibt kaum etwas, das Kindern so gut schmeckt wie Kekse, die direkt aus dem Backofen kommen. Dazu gibt es natürlich ein kaltes Glas Milch. Damit es schnell gehen kann, muss es auch nicht immer der selbst gemachte Plätzchenteig sein. In der Kühltheke gibt es verschiedenste Sorten, die prima schmecken. Nur noch ausrollen, Kekse ausstechen und ab in den Ofen. Eure Kinder werden euch dafür lieben.

VERRÜCKTER MITTWOCH

Anstatt bei jedem Essen sagen zu müssen »Es wird nicht mit Fingern gegessen!«, führt doch einfach einen verrückten Tag in der Woche ein. An dem dürfen sich eure Kinder genau eine Mahlzeit lang benehmen, wie sie möchten. Da liegen die Ellbogen auf dem Tisch, ihr seht lauter aufgestützte Gesichter und man darf sogar aufstehen, ohne vorher zu fragen. Dafür ist den Rest der Woche über ganz klar, welche Regeln gelten.

DAS HEILIGE FREITAGABENDESSEN

Mindestens für ein Abendessen in der Woche sollte die ganze Familie gemeinsam am Tisch sitzen – am besten zu Beginn des Wochenendes. Deckt für diesen Anlass den Tisch besonders hübsch und esst bei Musik und Kerzenlicht. Für die Kinder gibt es zur Feier des Tages Kinderwein (Trauben- oder Kirschsaft), Kirsch-Bananensaft oder ein anderes besonderes Getränk ihrer Wahl. Ihr könnt auch ab und zu einen »geheimnisvollen Gast« einladen – und die anderen erfahren erst, wer das ist, wenn er eintrifft. Musiziert vor dem Essen gemeinsam oder lest danach bei Kerzenschein noch eine Geschichte vor oder bastelt etwas – je nach Lust und Laune. Wichtig ist einfach, dass ihr in Verbindung mit einem Essen und allen Familienmitgliedern eine besonders schöne Zeit habt.

DAS SPIEL DANACH

Wie wäre es, eine Woche lang nach dem Abendessen jeweils 30 Minuten miteinander zu spielen? Natürlich geht das auch tagsüber – aber wenn wir ehrlich sind, bringen wir doch lieber noch mal die Waschmaschine zum Laufen oder bereiten das Essen vor, als uns mit den Kindern in Ruhe auf eine Spiellänge hinzusetzen. In dieser Woche nun darf jeder einmal sein Lieblingsspiel auswählen. Vielleicht könnt ihr auch ganz demokratisch abstimmen. Sicher ist, dass so eine Spielzeit nach dem Essen alle wieder enger zusammenbringt – und dass meist sehr viel gelacht wird.

DAS BESONDERE ESSEN

Manchmal macht es richtig Spaß, ein Essen zu veranstalten, das etwas länger dauert. So ist Zeit für Gespräche und alle können miteinander Spaß haben. Dazu könnt ihr prima Raclette, Fondue oder Tischgrills verwenden und das Ganze kindgerecht aufpeppen, zum Beispiel als Pizzaraclette (Hefeteig ins Pfännchen, belegen, backen, fertig). Oder ihr macht Käsefondue oder genießt gegrillte Kirschtomaten und Leberkässpießchen.

ESSEN

VON HAUS ZU HAUS

Heute wird das Abendessen zum Abenteuer – mit einem Spiel, das drei Familien von Haus zu Haus führt. Bei der ersten Station esst ihr eine Vorspeise und singt ein Lied. Im zweiten Haus gibt es die Hauptspeise und eine kleine Vorführung. Im dritten Haus wird der Nachtisch serviert und eine Geschichte vorgelesen. Das festigt den Draht unter den Familien und hilft den eigenen Kindern dabei, vertrauter mit den Eltern ihrer Spielkameraden umzugehen.

DAS GROSSE-FERIEN-ESSEN

Trefft euch doch jedes Jahr nach der Zeugnisvergabe mit Schulfreunden eurer Kinder und deren Eltern zum School's Out Dinner. So könnt ihr euch noch einmal bewusst von dem gemeinsam verbrachten Jahr verabschieden und die besonderen Erlebnisse des vergangenen Schuljahres besprechen.

ESSEN

Spontanes Miteinander

WORAN ERINNERT MAN SICH NOCH LANGE UND MIT EINEM LÄCHELN? AN GELUNGENE BEGEGNUNGEN MIT ANDEREN. SICHER LASSEN SIE SICH NICHT UNBEDINGT PLANEN – ABER IHR KÖNNT DURCHAUS DAFÜR SORGEN, DASS SIE PASSIEREN.

»Man muss die Feste feiern, wie sie fallen.« Ein Satz, den wir meist erst dann so richtig verstehen, wenn wir Kinder haben. Denn mit diesem Im-Moment-Leben bringen wir unseren Kindern bei, wie schön und wichtig es ist, Teil einer Gemeinschaft zu sein.
Also: einfach mal spontan an einem ganz normalen Nachmittag eine große Portion Waffeln backen und den Kindertisch vors Haus stellen. So schnell, wie andere Kinder sich dazugesellen, werdet ihr kaum schauen können. Oder geht es aufs Abendessen zu und keiner hat so recht Lust, nach Hause zu gehen? Warum bestellt ihr nicht einfach mal ein Pizzataxi zum Spielplatz? Dann habt ihr und die anderen Mütter keinen Stress und die Kinder erleben ein kleines Abenteuer, von dem sie lange erzählen werden.

ESSEN

KLEINE UNGEPLANTE PARTYS

Welche Gelegenheiten könnt ihr noch ergreifen, um die Gemeinschaft zu stärken und miteinander Spaß zu haben? Wenn sowieso gerade alle draußen stehen, einfach einen CD-Player holen und Musik anstellen. Wenn ihr dann noch Getränke mit Eiswürfeln, Zitronenscheiben und Strohhalmen serviert, feiert ihr fast schon eine Gartenparty. Natürlich geht das auch im Winter, indem ihr eine Thermoskanne Kakao mehr mitnehmt, wenn ihr zum Schlittenberg geht. So könnt ihr nicht nur eurer eigenen Familie, sondern auch anderen eine Freude machen.

Auch klasse: Eine spontane Currywurst-Party für die Lieblingsnachbarn einberufen. Die Würstchen müssen ja nicht immer vom Grill kommen. Aus der Pfanne schmecken sie auch. Ketchup, Currygewürz und Brötchen auf den Tisch – mit Röstzwiebeln, Senf und Gürkchen kann man auch Hotdogs daraus machen.

Ihr habt Freunde mit kleinen Kindern? Ladet sie doch mitten in der Woche für eine Stunde zum Abendessen ein. Eure Gäste können sich einmal Kochen ersparen und dürfen die dreckigen Teller stehen lassen. Und die Kinder finden es natürlich aufregend, woanders und mit so vielen Menschen gemeinsam zu essen.

ESSEN

Zwölf Rezepte,
die Kinder lieben

MIT DIESEN REZEPTEN WIRD ES LEICHT, ETWAS ZU FINDEN, WAS KINDERN UND ELTERN RICHTIG GUT SCHMECKT.

Frikadellen,
die allen schmecken

SIND IMMER SCHNELLER WEG, ALS MAN GUCKEN KANN.

ZUTATEN

FÜR 6 BIS 8 PERSONEN

1 kg Bio-Rinderhack, eine Zwiebel, 1 ½ Scheiben Graubrot, 1 Ei, Wunderwürze (Seite 83) und Pfeffer nach Geschmack, Bratfett

Zubereitung

1. Das Rinderhack in eine Schüssel geben. Die Zwiebel fein hacken und dazugeben.

2. Graubrot entrinden, kurz in Wasser einweichen, auswringen und über dem Hack zerpflücken.

3. 1 Ei dazugeben. Mit Wunderwürze (alternativ Instantbrühe) und Pfeffer abschmecken.

4. Kleine Bällchen formen und in einer Pfanne in Bratfett ausbraten.

5. Einen Teller mit zwei Lagen Küchentuch bereitstellen. Die fertigen Frikadellen auf den Teller geben, sodass das überschüssige Fett vom Küchentuch aufgesogen wird.

6. Auf einen sauberen Teller umschichten, Foodpicks rein – und schnell zuschlagen, denn die Frikadellen sind immer in null Komma nichts verputzt.

ESSEN

Hähnchen mit Zitronengemüse

EIN REZEPT VON VERENA – SO EINFACH WIE GENIAL.

Dieses Rezept ist deshalb so beliebt, weil es sowohl Kindern schmeckt, die Fleisch lieben, als auch denen, die Gemüse mögen – denn beides wird auf einen Schlag, aber eben doch getrennt voneinander zubereitet.

Zubereitung

1. Das Gemüse in Stücke schneiden, auf ein tiefes Backblech geben, ein wenig Öl dazu.

2. Mit Salz und Pfeffer würzen und ein paar frische Rosmarinzweige dazugeben. Wenn ihr eine zitronige Note mögt: 1 bis 2 Biozitronen achteln und dazugeben. Alles durchmischen und auf einem Backblech verteilen.

3. Auf der mittleren Schiene in den Ofen schieben.

4. Die Hähnchenschenkel mit Paprika, Rosmarin, Salz und Pfeffer einreiben. Auf einen Rost legen und eine Etage über dem Gemüseblech in den Backofen schieben, damit die austretende Flüssigkeit auf das Gemüse tropfen kann.

5. Bei 180 Grad Umluft etwa 1 Stunde schmoren lassen. Das Fleisch braucht genauso lange wie das Gemüse.

ZUTATEN

MENGEN NACH BELIEBEN

Gemüse nach Wahl (Zucchini, Zwiebeln, Champignons, Möhren, aber auch Kartoffeln, Auberginen oder Fenchel), Salz, Pfeffer, Rosmarinzweige, Biozitronen, Hähnchenschenkel, gemahlener Rosmarin und gemahlener Paprika

ESSEN

Lasagne mit Fleisch

EIN LIEBLINGSREZEPT VON MIR – SEIT MEHR ALS 20 JAHREN.

Diese Lasagne basiert auf einer Bolognesesoße. Bereitet also gleich ein bisschen mehr zu und friert eine Portion Soße ein – dann habt ihr ein leckeres Mittagessen, wenn es mal schnell gehen muss.

Zutaten

FÜR 4 BIS 6 PERSONEN

1 Bund Suppengemüse (Zwiebeln, Möhren, Sellerie, Petersilie), 1 bis 2 EL Öl, 500 g Hackfleisch, 2 kleine Dosen Tomaten, je ein Schwups Tomatenmark und Ketchup; Salz und Pfeffer, 12 bis 14 Lasagneplatten ohne Vorkochen, 1 Dose Saure Sahne, 250 g geriebener Gouda, 1 bis 2 frische Tomaten, frisches Basilikum

Zubereitung

1. Zwiebeln, Möhren und Sellerie schälen. Mit der Petersilie zusammen fein hacken.

2. Backofen auf 200 Grad vorheizen.

3. Öl in eine Pfanne geben, das Gemüse kurz anbraten.

4. Das Hackfleisch zugeben und braten, bis es durch ist.

5. Dosentomaten unter das Hackfleisch rühren. Tomatenmark und Ketchup dazugeben. Bei Bedarf etwas Wasser unterrühren. Die Soße mit Salz und Pfeffer abschmecken.

6. Ein Drittel der Bolognesesoße in eine ungefettete Auflaufform geben und auf dem Boden verteilen. Lasagneplatten darauflegen, sodass die Soße komplett bedeckt ist.

7. Ein Drittel der Sauren Sahne auf die Platten streichen und etwas geriebenen Käse darüberstreuen. Noch zweimal wiederholen: Soße, dann eine Platte, Sahne und Käse.

8. In dünne Scheiben geschnittene Tomaten auf der obersten Käseschicht nebeneinander anordnen und alles für eine halbe Stunde in den Backofen geben.

9. Zur Dekoration vor dem Servieren auf jede Tomatenscheibe ein Blatt frisches Basilikum geben.

ESSEN

Die weltbeste Lasagne
ohne Fleisch

EIN REZEPT VON MONI – SOGAR IHR MANN MAG DIESE LASAGNE LIEBER ALS DIE »NORMALE«.

Zubereitung

1. Zucchini, Karotten und Zwiebel in kleine Stücke schneiden und im Öl 10 Minuten dünsten. Frischkäse unter das Gemüse rühren.

2. Dann die Masse mit den Lasagneplatten abwechselnd in eine Auflaufform schichten.

3. Tomaten, Tomatenmark, Saure Sahne sowie Salz und Pfeffer miteinander verrühren und über die obersten Lasagneplatten geben.

4. Den Käse darüber streuen und für etwa 25 Minuten bei 200 Grad im Ofen lassen.

ZUTATEN

FÜR 6 BIS 8 PERSONEN

250 g Zucchini, 250 g Karotten, 1 Zwiebel, 1 bis 2 EL Öl, 1 Becher körniger Frischkäse, 10 bis 12 Lasagneplatten ohne Vorkochen, 1 kleine Dose Tomaten (oder 400 g frische, klein geschnittene Tomaten), 1 bis 2 EL Tomatenmark, 100 g Saure Sahne, Salz, Pfeffer, 150 g geriebener Gouda

ESSEN

Schafskäse aus dem Backofen
mit Ofenkartoffeln

EIN REZEPT VON SIMONE, MIT DEM IHR EUCH DEN URLAUB IN DIE KÜCHE HOLT.

ZUTATEN FÜR DEN SCHAFS-KÄSE, FÜR 4 PERSONEN

800 g Schafskäse, 1 Zwiebel, 4 Knoblauchzehen, Kräuter (Oregano, Majoran, Basilikum, Thymian, Rosmarin, Estragon …, auch TK-Ware möglich), Pfeffer, 1 Paprika, 1 Packung Cocktailtomaten, 1 Glas schwarze Oliven (ohne Kern), Olivenöl

ZUTATEN FÜR DIE OFENKARTOFFELN

500 g Kartoffeln, 1 EL Olivenöl, 1 EL Kümmel (ganz), Salz, Pfeffer

Zubereitung

1. Die Kartoffeln gründlich waschen und halbieren. Backblech mit Backpapier auslegen und die Kartoffeln mit der halbierten Seite nach unten auf das Blech legen. Mit Olivenöl einstreichen, mit Kümmel, Salz und Pfeffer würzen.

2. Bei 200 Grad Umluft 20 bis 30 Minuten (je nach Größe) im Backofen garen.

3. Derweil den Schafskäse in eine große Auflaufform legen.

4. Die Zwiebel in Ringe schneiden, den Knoblauch schälen und vierteln und beides über dem Schafskäse verteilen. Großzügig mit den Kräutern bestreuen, beim Pfeffer etwas sparsamer sein.

5. Die Paprika in kleine Würfel schneiden, die Cocktailtomaten halbieren. Mit den Oliven über den Schafskäse streuen. Großzügig Olivenöl darübergeben.

6. Für 20 Minuten mit in den Backofen geben.

ESSEN

Die Wunderwürze

GANZ OHNE BRÜHWÜRFEL ODER MAGGI

Oma Hilde hat 1937 ein Rezept für »Eingemachtes Suppengemüse« notiert. Die von uns heute so genannte Wunderwürze ist nicht nur einfach herzustellen, sondern durch den hohen Salzanteil auch ewig haltbar. Ihr könnt sie für Lasagne, Bolognese, Frikadellen und Bratensoße verwenden, ebenso für Gemüsepfannen und Salatsoßen.

ZUTATEN

Lauch, Zwiebeln, Tomaten, Karotten, Petersilienwurz, Sellerie und Salz zu gleichen Teilen

Zubereitung

Alle Gemüse durch den Fleischwolf drehen, Salz dazugeben und in Gläser füllen.

Gurkensalat, der süchtig macht

EIN LEGENDÄRES REZEPT VON MARKUS – UND DER EINZIGE SALAT, DEN ALLE KINDER GERN ESSEN.

Zubereitung

1. Dosenmilch, 1 TL Salz, Pfeffer, Zucker und Essigessenz mit der Gabel verrühren.

2. Zwiebel hineinreiben und alles noch mal mit der Gabel aufschlagen, sodass es eine cremige Konsistenz bekommt.

3. Die Gurken schälen und in hauchdünne Scheiben hobeln. Mit Salz bestreuen und 10 Minuten ziehen lassen.

4. Die Gurken ausdrücken, sodass sie nicht mehr wässrig sind. Das Dressing drübergeben – fertig.

ZUTATEN

FÜR 4 PERSONEN

200 ml Dosenmilch mit 10 Prozent Fett, Salz, ½ TL Pfeffer, 1 TL Zucker, 1 ½ EL Essigessenz, ½ bis 1 Zwiebel, 2 Gurken

ESSEN

Sahnewaffeln

WAS MACHT EINE MUTTER, WENN ALLE NACHBARSKINDER IM GARTEN SPIELEN UND PLÖTZLICH KUCHENHUNGER KRIEGEN? WAFFELN.

ZUTATEN
FÜR 8 STÜCK

6 Eier, 120 g Butter, 150 g Zucker, 1 Päckchen Vanillezucker, 250 g Sahne, 200 g Mehl, Puderzucker

Zubereitung

1. Eier aufschlagen, Eiweiß und Eigelb trennen. Das Eiweiß steif schlagen.

2. In einer neuen Schüssel Eigelb, Butter, Zucker, Vanillezucker und Sahne mit dem Handrührgerät auf mittlerer Stufe zu einem Teig kneten. Mehl hineinrühren.

3. Nun den Eischnee mit dem Teigkratzer unterheben.

4. Teig portionsweise in einem Waffeleisen backen, mit Puderzucker bestäubt servieren.

Wenn nicht ganz so viel Zeit ist: Schokowaffeln leicht gemacht: Einfach einen Browniemix aus dem Supermarkt nach Packungsanleitung zubereiten und im Waffeleisen backen – schmeckt auch super.

Frische Quarkbällchen

EIN UNSCHLAGBAR EINFACHES UND UNGLAUBLICH LECKERES KINDERREZEPT VON MARGRET.

ZUTATEN
FÜR 4 BIS 6 PERSONEN

250 g Mehl, 250 g Quark (40 Prozent Fett), 50 g Margarine, 50 g Zucker, 3 Eier, 1 Päckchen Backpulver, 1 Päckchen Vanillezucker, 6 Tropfen flüssiges Zitronenaroma

Zubereitung

1. Alle Zutaten mit dem Handrührgerät zu einem geschmeidigen Teig vermischen.

2. Bevor es ans Frittieren geht, stellt ihr am besten folgende Dinge parat: einen großen Teller mit Küchentüchern und eine Auflaufform mit Zimt-und-Zucker-Gemisch.

3. Wenn ihr eine Fritteuse habt, heizt sie auf 160 Grad auf.

4. Es geht aber auch ohne: Dazu gießt ihr eine halbe Flasche Sonnenblumenöl in einen Topf und erhitzt es. Wenn ihr ein hölzernes Schaschlikstäbchen ins Fett haltet und daran Bläschen aufsteigen, hat das Fett genau die richtige Temperatur. Dann auf mittlere Hitze runterschalten.

5. Mit zwei Teelöffeln kleine Bällchen formen und in das heiße Fett gleiten lassen. Wenn sie rundum schön gebräunt sind, auf den mit Küchentüchern belegten Teller legen und später im Zimt-und-Zucker-Gemisch wälzen – fertig.

Saftiger, schneller Zitronenkuchen vom Blech

EIN DAUERBRENNER-REZEPT VON ALEXANDRA.

Zubereitung

1. Butter, Zucker und Eier miteinander verrühren. Zitrone entsaften, Hälfte des Safts dazugeben.

2. Finesse Zitronenschale, Vanillezucker, Backpulver und Mehl unterrühren, bis ein gleichmäßiger Teig entsteht.

3. Auf ein gefettetes, tiefes Backblech geben und bei 150 Grad Umluft 30 Minuten backen.

4. Für den Guss Puderzucker mit dem restlichen Zitronensaft verrühren und auf dem noch warmen Kuchen verteilen. Eventuell bunte Zuckerstreusel darauf – fertig!

ZUTATEN

FÜR EIN BACKBLECH

350 g Butter, 350 g Zucker, 6 Eier, 1 Zitrone, 1 Päckchen Finesse geriebene Zitronenschale von Dr. Oetker, 1 Päckchen Vanillezucker, 1 Päckchen Backpulver, 350 g Mehl, 300 g Puderzucker, bunte Zuckerstreusel (wer mag)

ESSEN

Oma Hildes Apfelkuchen

ER SCHMECKT AM ZWEITEN TAG NOCH BESSER ALS AM ERSTEN. ER HAT EINEN WUNDERBAR ALTMODISCHEN ZUCKERGUSS ALS TOPPING. ER IST SUPERSAFTIG. UND ER IST IN ZEHN MINUTEN IM OFEN.

ZUTATEN

FÜR DEN KUCHEN

375 g Mehl, 125 g Zucker, 250 g Butter, 1 Ei, 4 TL Backpulver, 4 TL Vanillezucker, Fett für die Form, 3 Äpfel

ZUTATEN

FÜR DEN GUSS

200 g Puderzucker, Wasser, Zitronensaft

Zubereitung

1. Mehl, Zucker, Butter, Ei, Backpulver und Vanillezucker mit dem Handrührgerät zu einem glatten Teig verarbeiten. Die Hälfte in eine gefettete Springform geben und am Boden platt drücken.

2. Äpfel schälen, fein schneiden und auf den Teigboden geben.

3. Den restlichen Teig darüberstreuseln und alles bei 170 Grad Ober- und Unterhitze für 1 ½ Stunden in den Backofen schieben.

4. Den Kuchen abkühlen lassen. Puderzucker mit Wasser und Zitronensaft zu einer dickflüssigen Masse mischen und mit einem Esslöffel über den Teig tröpfeln.

ESSEN

Muffins für jeden Geschmack

DIESES GRUNDREZEPT KÖNNT IHR GANZ LEICHT ABWANDELN.
PUR SCHMECKT ES GENAUSO GUT WIE MIT FRÜCHTEN, GUSS ODER TOPPING.

ZUTATEN

FÜR 18 MUFFINS

230 g Butter, 290 g brauner Zucker, 4 Eier, 330 g Mehl, 2 TL Backpulver, 1 Prise Salz, 180 ml Milch, Puderzucker, Wasser und Lebensmittelfarbe (optional)

Und so könnt ihr das Rezept abwandeln

Einige Früchte eurer Wahl mit ein bisschen Mehl bestäuben und zum Teig geben.

Schokodrops in den Teig geben und mitbacken. Oder mit Schokoguss überziehen.

Ein Loch in die Mitte stanzen, mit Buttercreme füllen und oben eine Buttercremehaube aufspritzen – schon habt ihr einen Cupcake.

Zubereitung

1. Ofen auf 170 Grad vorheizen.

2. Butter und braunen Zucker miteinander verrühren. Eier unterrühren. Dann Mehl, Backpulver, die Prise Salz und die Milch einrühren.

3. Den Teig in Muffinförmchen geben und etwa 30 Minuten backen. Dabei die Form nach 15 Minuten einmal drehen, damit die Muffins gleichmäßig braun werden.

4. Für den Zuckerguss den Puderzucker mit so viel Wasser vermischen, dass er leicht vom Löffel abtropft, aber nicht zu flüssig ist. Optional mit Lebensmittelfarbe einfärben.

5. Die leicht abgekühlten Muffins in den Guss tauchen. Trocknen lassen und noch mal tauchen. Den Guss auf gar keinen Fall aufpinseln – beim Tauchen wird das Ergebnis einfach viel gleichmäßiger und schöner.

FEIERN

Das Leben ist dazu da, um es zu genießen. Bei den vielen Verpflichtungen, die ihr jeden Tag habt, solltet ihr unbedingt einen Gegenpol schaffen. Nehmt euch bewusst Zeit, um miteinander zu feiern. Nicht nur zu den Geburtstagen eurer Kinder, sondern auch, um dem Leben noch mehr schöne Seiten zu geben.

FEIERN

Wie organisiere ich ein Fest?

EGAL OB IHR NUR EIN PAAR FREUNDE, DIE GESAMTE NACHBARSCHAFT ODER DIE GANZE KINDERGARTENGRUPPE EINLADEN MÖCHTET: DER SOMMER IST DIE IDEALE ZEIT FÜR EINE GROSSE PARTY. WENN IHR ALLE ZUSAMMEN FEIERT UND SPASS HABT, RÜCKT IHR ENGER ZUSAMMEN – UND SCHON BALD TREFFT IHR EUCH AUCH MAL NACHMITTAGS ZUM KAFFEE, TAUSCHT KINDER AUS ODER CHILLT GEMEINSAM BEIM GRILLEN.

IHR SEID DIE PARTY

Ein großes Fest erfordert jede Menge Elan und Planung. Als Gastgeber seid ihr verantwortlich für die Stimmung und den Stil der Party. Am besten feiert ihr deshalb so, wie ihr euch in der Gemeinschaft am wohlsten fühlt: relaxt, unangestrengt und so, dass sich Dinge auch spontan entwickeln können. Das geht allerdings nur, wenn die komplette Infrastruktur vorher steht und funktioniert. Das Tolle daran: Die Arbeit findet vor dem Fest statt – auf der Party wird dann gefeiert.

FEIERN

FINDET EIN DATUM

Erst mal das Wichtigste: Welches Datum? Schreibt eine Rundmail oder malt ein Plakat mit zwei alternativen Daten (nicht vergessen: Ersatzdatum bei Regenwetter) – und an dem Tag, an dem die meisten können, wird gefeiert. Bittet alle, das Datum fürs Fest zu blocken, und kündigt schon mal an, dass die genaueren Infos in ein paar Tagen kommen. Wichtig: Nehmt euch einen Tag vorher frei zum Einkaufen und Dekorieren – ihr werdet die Zeit brauchen. Auch wichtig: eine Telefonliste von allen Gästen erstellen, die zusagen.

DIE ESSENTIALS

Jetzt muss das Wesentliche geklärt werden:

- Was für eine Party? Sommerparty mit Planschbecken und Rollerfahren in der Siedlung.
- Welche Location? Im Garten.
- Was gibt es zu essen? Grillen.
- Wer bringt was mit? Ihr stellt Grillfleisch und alkoholfreie Getränke. Salate, Kuchen und Süßes sowie Alkohol werden mitgebracht.

DIE EINLADUNG (SIEHE AUCH SEITE 94)

Ihr Lieben, unser Fest soll draußen stattfinden. Da für Sonntag, den 27.06. (also DIESE WOCHE), super Wetter angesagt ist, haben wir bestimmt Glück!

Wo: bei Walters. Wann: ab 11:00 open end.

Alkoholfreie Getränke werden von uns gestellt, genauso wie Würstchen und Fleisch. Es wäre super, wenn einige von euch Salate machen könnten, außerdem Muffins, Kuchen und Ähnliches für nachmittags. Lasst uns deshalb noch mal mailen, damit wir nicht NUR Salate oder NUR Kuchen haben. Kann noch jemand einen Grill mitbringen? Oder zwei? Grillkohle und Anzünder besorgen wir.

Wir stellen – wenn die Wettervorhersage eintrifft (29 Grad) – vor unserem Haus ein großes Planschbecken auf. Bringt also Badesachen und Handtücher mit. Auch Decken sind prima – dann können wir uns auf die Wiese legen. Außerdem gern auch Fahrräder und Roller oder Rollschuhe – bei uns in der Anlage können die Kinder auch allein auf den Plattenwegen fahren. Außerdem gibt es einen großen Sandkasten.

Wer noch Fragen oder Ideen hat, ruft uns bitte an. Wir gehen davon aus, dass alle kommen, die zugesagt haben. Ansonsten ruft bitte noch mal durch.

Wir freuen uns schon!!!! Nur wenn es Bindfäden regnet, verschieben wir das Fest, aber dann würden wir euch Samstagabend Bescheid geben.

Eure Walters

FEIERN

DIE HEISSE PLANUNGSPHASE

Bevor ihr anfangt zu planen: Die Telefonliste holen und einen Block bereitlegen. Los geht's.

▶ **Essen und Getränke.** Plant euer Essen und damit auch eure Einkaufstour so, dass ihr nur in ein Geschäft müsst. Das spart Zeit und so könnt ihr die Einkäufe auch mit den Kindern erledigen. Wichtig: Grillsoßen, Ketchup und Senf nicht vergessen. Eure Gäste können Baguette mitbringen – und für den späteren Teil der Party eine Kiste Bier und ein paar Flaschen Prosecco. Und ansonsten: Salat oder was Süßes.

▶ **Geschirr und Zubehör/Logistik.** Je besser ihr plant, desto entspannter wird euer Fest. Macht eine Checkliste! Ihr braucht Papierteller, Plastikbesteck, Plastikbecher, Servietten, ausreichend Küchenrollen und Toilettenpapier, Holzkohle, Anzünder, Müllsäcke, Klebeband, Eiswürfel in der großen Tüte von der Tankstelle. Immer gut: Ein paar große Ikea-Tüten für leere Pfandflaschen und schnelles Aufräumen. Einen Stift zum Beschriften der Pappbecher und Pflaster für aufgeschürfte Knie. Schon mal checken: Gibt es Einweggeschirr oder Holzkohle gerade im Angebot? Wo?

▶ **Entertainment und Dekoration.**
Beim Entertainment gilt die Faustregel: Je mehr Kinder und Platz, desto weniger aufwändig ist das Entertainment. Kinder lieben es, zusammen ins Planschbecken zu hüpfen und Fahrrad, Roller, Laufrad und Kettcar zu fahren. Ein Fußball kann stundenlang unterhalten. Tolle Extras: Seifenblasen, Wasserballons (nur wenn es einen Wasserhahn draußen gibt), Straßenkreide oder ein Spielset für draußen. Also alles, was man selbst oder die Nachbarn sowieso zu Hause haben. Musik kann toll sein,

aber wenn viele Kinder da sind, ist es sowieso laut. Auch bei der Dekoration gilt: schlicht halten. Tipps dazu gibt's ab Seite 95. Ganz wichtig: Luftballons – die sind günstig und verbreiten Partystimmung.

▶ **Möblierung und Extras.** Spätestens jetzt kommt die Telefonliste zum Einsatz, denn ihr müsst zusammenleihen, was ihr nicht selbst habt: einen großen Grill, ein zweites Planschbecken, Sonnenschirme, Biertische und Bierbänke. Vielleicht organisiert ihr noch eine große Kaffeemaschine und ein paar Thermoskannen für nachmittags.

DER TAG DAVOR

Am Tag davor könnt ihr drinnen alles vorbereiten. Das Haus aufräumen. Überflüssige Sachen aus Küche und Bad in den Keller verbannen. Alles Geschirr spülen und griffbereit haben, irgendwann gehen immer die Pappteller und Pappbecher aus. Besonders wichtig: Ersatzschüsseln für Brot und Gebäck. Kühlschrank ausräumen und mit Getränken füllen. Die Garderobe leer räumen. Ein paar leere Stapel- oder Klappkisten für die Salate und Kuchen griffbereit haben – so kann man die mitgebrachten Sachen vor Sonne und Schmutz schützen und das Buffet nach und nach aufstocken.

Draußen könnt ihr heute alles vorbereiten, was ruhig nass werden darf. Also Tische, Bänke und Sonnenschirme aufstellen, Wimpelkette aufhängen, Pools aufblasen. Noch mal genau schauen – wo ist heute wann Sonne und Schatten? Schattenplätze kann man auch spontan mit Decken und Kissen am Tag der Party gestalten.

DIE PARTY

Endspurt. Zuerst noch einmal die Pools prall aufblasen – über Nacht entweicht immer Luft. Dann direkt mit Wasser befüllen, denn das kann dauern. Ballons aufblasen und aufhängen. Tischdecken auf die Tische – im Zweifelsfall festkleben. Ein paar Mülltüten aufhängen. Fahrräder, Roller und Spielgerät rausstellen. Spielsachen wie Seifenblasen und Straßenkreide außerhalb der Kinderreichweite aufbewahren und gezielt bei Bedarf austeilen. Kissen hinlegen.

Buffet aufbauen – am besten NICHT in der Küche, denn da braucht ihr Platz zum Wirbeln. Wer die Chance hat, das Buffet auf einem Picknicktisch draußen, aber in der Nähe der Küche aufzustellen, hält die Gäste im Garten und hat kurze Wege. Eis in die Kühlbox füllen und rausstellen. Würstchen und Fleisch aus den Verpackungen nehmen und in Schüsseln legen. Grillzange dazu. Getränke raus.

Jetzt kommen die ersten Gäste mit dem mitgebrachten Essen. Pikantes und Salate kommen aufs Buffet, Süßes für später in die Stapelkisten ins Kühle. Der Grill wird angeheizt. Für euch ist der größte Teil der Arbeit jetzt vorbei. Holt euch was zu trinken und mischt euch unter die Gäste. Ab und zu könnt ihr nach dem Buffet schauen, Sachen in kleinere Schüsseln umfüllen, sodass es immer appetitlich aussieht. Und denkt dran: Ihr müsst jetzt nicht mehr alles allein machen. Bittet die anderen, mitzuhelfen, indem ihr konkrete Aufgaben verteilt. Eure Gäste werden gern behilflich sein.

Alle haben Spaß. Die Kinder rasen auf ihren Rollern durch die Siedlung und ihr könnt im Schatten relaxen. Im Pool wird gejauchzt und um die Wette gespritzt. Das Fleisch brutzelt, allen scheint das Essen zu schmecken. Am Ende sind alle näher zusammengerückt – nicht nur, um ein Gruppenfoto zu machen, sondern weil so ein Fest einfach verbindet.

FEIERN

Einladungen basteln

MACHT EUCH BLOSS KEINEN STRESS WEGEN DER EINLADUNGEN! WENN DIE ALLE INFORMATIONEN ENTHALTEN, IST DAS SCHON DIE HALBE MIETE. DIE ANDERE HÄLFTE: OPTIK.

Macht aus der Karten-Bastelaktion ein Familienevent. Dabei kann jeder helfen: Der mit der schönsten Schrift adressiert die Karten. Wer besonders gut ausschneiden kann, darf die Schere schwingen – und der Kleinste darf das Ganze mit Stickern verschönern und die Briefmarke aufkleben. Wer formuliert den Text? Und wer mag die Karten in die Umschläge stecken?

DOWNLOAD AUF MEINESVENJA.DE

aufklappbare Karte

pfiffige Karte

in Form geschnittene Karte

Pop-up-Karte

FEIERN

DEKORIEREN – WIMPELKETTE

VON DER GEMEINSAMEN PLANUNG EINES MOTTOS BIS HIN ZUR AUSFÜHRUNG DER LETZTEN DETAILS: KINDER LIEBEN ES, EIN FEST VORZUBEREITEN. HIER FINDET IHR ANREGUNGEN ZU SELBST GEBASTELTER DEKO, BEI DER SIE KRÄFTIG MITHELFEN KÖNNEN: VON WIMPELKETTE BIS WANDDEKORATION.

Los geht's mit der Wimpelkette. Die Schritt-für-Schritt-Anleitungen auf den nächsten Seiten machen es ganz einfach. Wenn ihr die Stoffe vorwascht, könnt ihr die Wimpelkette jahrelang benutzen und bei Bedarf immer wieder in die Waschmaschine stecken. Die Variante für alle, die es eilig haben: bunte Papierdreiecke ausschneiden, an eine Schnur tackern, fertig.

Was ihr braucht

- *Stoff*
- *eine Pappschablone*
- *Schere, Stecknadeln*
- *Garn, Nähmaschine*
- *Malpinsel*
- *Schrägband*

WIMPELKETTE BASTELN

▶ Dreiecksschablone auf Pappe malen.

▶ Schablone auf Stoff übertragen und Dreiecke ausschneiden.

▶ Zwei Dreiecke mit der linken Seite aufeinanderlegen, mit Stecknadeln zusammenheften.

▶ Die zwei schrägen Seiten des Dreiecks mit geraden Nähten zusammennähen.

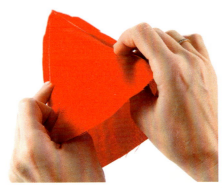
▶ So sieht ein fertig genähtes Dreieck aus.

▶ Dreieck grob auf rechts drehen.

▷ Malpinsel in die rechte Hand nehmen, den halb gewendeten Wimpel in die andere.

▷ Mit dem Pinselstiel vorsichtig in die Spitze vortasten. Alle Dreiecke dann glatt bügeln.

▷ Jetzt kommt das Schrägband zum Einsatz.

▷ Dreiecke in gleichmäßigen Abständen ins Schrägband einlegen.

▷ Schrägband mittig zusammenklappen. Eventuell Stecknadeln nutzen. Festnähen.

▷ Beidseitig großzügig Schrägband stehen lassen – zum Festbinden an Bäumen.

FEIERN

Chinesische Lampions
Machen schwer was her

CHINESISCHE LAMPIONS SIND RELATIV EINFACH ZU BASTELN,
WENN MAN EINMAL VERSTANDEN HAT, WIE ES GEHT.

Was ihr braucht

Wichtig sind vor allem die Symmetrie und die Optik – deshalb Augen auf beim Einkauf. Die Papierstreifen müssen unbedingt die gleichen Maße haben. Um sich hier unnötige Vorbereitung zu sparen: Es gibt fertig zugeschnittene Streifen im Bastelfachgeschäft. Auch noch wichtig: Die Innenrolle sollte schwarz sein – nur dann verschwindet sie optisch und die Lampions wirken so richtig gut.

- *schwarzes Tonpapier*
- *beidseitig klebendes Tesaband*
- *bunte Papierstreifen*
- *Nähnadel*
- *farblose Nylonschnur*

FEIERN

▶ Schwarzes Tonpapier auf die gewünschte Höhe der Lampions zuschneiden.

▶ Eine Rolle formen und mit beidseitig klebendem Tesa fixieren.

▶ Am oberen und unteren Rand der Rolle doppelseitiges Tesa befestigen.

▶ Papierstreifen festkleben, ganz leicht überlappend.

▶ Mit Tesa und Papierstreifen den Lampion auf beiden Seiten »versäubern«.

▶ Mit Nähnadel Löcher in den Rand stechen, Nylonfaden durch und verknoten.

FEIERN

Wanddeko aus Tonpapier

JE GROSSFLÄCHIGER WÄNDE DEKORIERT WERDEN, DESTO MEHR WIRKT DAS GANZE.
EINE GÜNSTIGE IDEE: MIT WOODYS AUF TONPAPIER MALEN. DAMIT KANN MAN
VOM WOHNZIMMER BIS ZUR TURNHALLE WIRKLICH ALLES DEKORIEREN.

SO GEHT'S

▶ *Schablonen anfertigen.*

▶ *Auf Tonpapier übertragen.*

▶ *Ausschneiden.*

▶ *Mit Woodys anmalen.*

FEIERN

Gerade die Größe solcher Wanddekorationen jagt vielen erst einmal Angst ein. »Ich kann aber nicht malen«, heißt es dann schnell. Muss man auch gar nicht können. Im Internet kann man die Google-Bildersuche nutzen und findet dort wunderbare Vorlagen für alles, was das Dekoherz begehrt: von der Dschungelblume bis zum Papagei. Ob ihr dann künstlerisch tätig werdet und flächig ausmalt oder euch eher an Umrissen versucht, bleibt euch überlassen.

FEIERN

WEITERE DEKO-IDEEN

DEKO-IDEEN GIBT ES NAHEZU UNENDLICH VIELE. PROBIERT AUCH MAL DIE FOLGENDEN AUS – UND WERDET SELBST WEITER KREATIV.

MARMELADENGLÄSER MIT NAMEN
Für die Tischdeko Marmeladengläser bemalen. Dazu einen Zettel mit Schriftzug ausdrucken, von innen ins Glas stecken und dann von außen mit Fineliner nachziehen.

SCHÖNE, BUNTE TELLER
Teller lassen sich gut mit Lebensmittelfarbe beschriften und verzieren.

FEIERN

GÄSTE-BILDER-WAND
Bilder der Gäste farbig ausdrucken, beschriften und aufhängen – bietet immer Gesprächsstoff.

MEHLSTERNE AUF RASEN
Schön für eine Gartenparty: eine Schablone (Herz, Stern) ausschneiden und damit Mehl auf den Rasen stäuben.

FEIERN

ESSEN

ESSEN FÜR FESTE ZUBEREITEN, DAFÜR BRAUCHT MAN KOCH-SELBSTVERTRAUEN. DENN GROSSE MENGEN SIND NICHT JEDERMANNS SACHE. DABEI IST DAS KEIN ZAUBERWERK – VOR ALLEM, WENN MAN EINE GUTE LOGISTIK HAT. DESHALB SIND DIE FOLGENDEN IDEEN SO ZUSAMMENGESTELLT, DASS IHR MÖGLICHST VIEL VORBEREITEN KÖNNT, UM AUF DER PARTY SELBST DANN MÖGLICHST WENIG STRESS ZU HABEN.

DIE SALATPARTY

Salate, soweit das Auge reicht. Griechischer Salat, Nudelsalat, Kartoffelsalat, Taboulé, Gurkensalat, Tomatensalat. Dazu warmes Kräuterbaguette aus dem Ofen und ein paar pfiffige Vorspeisen wie Datteln im Speckmantel und Melonenstückchen mit Parmaschinken umwickelt. Eine warme Nachspeise: Beerencrumble oder Apfelstrudel.

DIE SUPPENPARTY

Das Herzstück dieser Party sind zwei Suppen. Hackfleisch-Käse-Suppe und Buchstabensuppe? Ein asiatisches Curry-Kokossüppchen und eine deftige Linsensuppe? Dazu Toppings wie gebratenen Speck, gehobelte Parmesanblätter, geröstete Pinienkerne, Croûtons und Crème fraîche – und natürlich jede Menge Baguette. Danach ein kalter und fruchtiger Nachtisch wie Erdbeeren mit Schlagsahne.

FEIERN

DIE AUFLAUFPARTY

In den Ofen schieben, wenn die Gäste eintreffen, und servieren, wenn alle den Aperitif ausgetrunken haben. Nudel-Thunfisch-Auflauf, Moussaka, Lasagne, Kartoffelgratin, überbackene Schweinemedaillons im Speckmantel. Dazu knackigen grünen Salat mit Vinaigrette reichen. Nachtisch? Eine Obstplatte mit Vanillesoße.

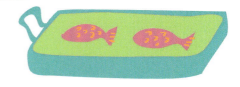

DIE TORTILLAPARTY

In kleine Schüsselchen füllen: geriebener Käse, klein gehackte Paprika, geschnittener Eisbergsalat, Tomatenwürfel, Guacamole, Salsa, Sour Cream. Hähnchenbrust-Streifen mit Paprika und Zwiebeln in der Pfanne anbraten, in eine Schüssel füllen. Die Weizenfladen für wenige Sekunden im vorgeheizten Backofen erwärmen – und schon darf sich jeder die Tortilla seiner Wahl zusammenstellen. Danach: Mangowürfel mit Vanilleeis und Sahne.

DIE HAMBURGERPARTY

Wunderbar für Sommerfeste: Die Hamburger kommen vom Grill und jeder Gast darf sich seine Lieblingstoppings zusammenstellen: Käse, knuspriger Bacon, Salatblätter, Relish, Tomaten, Zwiebeln, Röstzwiebeln, saure Gurken, Ketchup, Remoulade, Senf. Dazu Pommes frites. Alternativ für Kids: Hotdog. Und wenn schon amerikanisch, dann richtig: Als Nachtisch gibt es Ben und Jerry's Icecream.

FEIERN

Geburtstagstraditionen

DER EIGENE GEBURTSTAG IST FÜR UNSERE KINDER AUS VERSCHIEDENSTEN GRÜNDEN
SO WICHTIG. SIE SIND AN DIESEM TAG GEBOREN. SIE STEHEN IM MITTELPUNKT.
SIE DÜRFEN MIT MENSCHEN, DIE SIE MÖGEN, ZUSAMMEN FEIERN. SIE BEKOMMEN
GESCHENKE. ZELEBRIERT DIESEN TAG ALS ETWAS GANZ BESONDERES!

DER GEBURTSTAGSMOMENT

Stellt euch mit der ganzen Familie in einem Kreis zusammen und haltet euch an den
Händen. Schließt die Augen und überlegt jeder im Stillen, was ihr dem Geburtstagskind an
diesem Tag sagen möchtet. Lasst es wissen, warum ihr so gern mit ihm zusammen seid.
Sagt ihm, was ihr besonders schätzt, welche Talente euch immer wieder auffallen oder
warum es euch zum Lachen bringt. Lasst das Kind auch wissen, was es im letzten Jahr
Besonderes für die Familie geleistet hat (jemanden getröstet, eine gute Idee gehabt, eine
spezielle Aufgabe übernommen).

DIE ERLAUBNIS

Jedes Jahr am Geburtstag erhält euer Kind ein neues Privileg. Es darf jetzt etwas, was es
vorher nicht durfte, sich aber schon länger wünscht. Allein zum Spielplatz vorgehen, sich
Ohrlöcher stechen lassen, Klavier spielen lernen.

Svenjas Super-GEHEIM-Tipp:

Mittlerweile sind die Tüten, die unsere Kinder von Geburtstagen wieder mit zu-
rückbringen, oft größer als die Geschenke, die sie hingetragen haben. Denkt vor
der Geburtstagsparty einmal gemeinsam mit eurem Kind darüber nach, was ihr
den Gästen anstelle der vielen Kleinigkeiten (die oft schnell im Müll landen) mitgeben könntet? Wie findet ihr Dinge, die eine Bedeutung haben? Was könnt ihr
selbst malen oder basteln? Oder ihr räumt die Kinderzimmer durch und schenkt
weg, was sich für eure Kinder überlebt hat. Packt es in eine große Kiste und stellt
sie am Ende der Party an die Tür. Jeder, der geht, darf sich etwas aussuchen.

FEIERN

DER GEBURTSTAGSBRIEF

Schreibt euren Kindern jedes Jahr zum Geburtstag einen Brief, in dem steht, wie ihr das letzte Jahr mit ihnen erlebt habt.

Lieber Ludwig!

Nun bist Du endlich in die Schule gekommen. Das war wohl das aufregendste Ereignis des Jahres.

Dazu kam Deine erste Zahnlücke, Dein erstes Fußballtraining im Verein.

Wir haben uns aus unserer Reihenhaussiedlung verabschiedet. Jetzt hast Du ein Trampolin und ein eigenes Zimmer.

Und jetzt kannst Du auch schreiben und lesen. Das war ein echtes Highlight für mich: als ich irgendwann ins Wohnzimmer kam und Du in ein Buch vertieft warst.

Es war ein tolles Jahr mit Dir. Ich danke Gott, dass er gerade mir den besten Sohn der Welt geschenkt hat.

Ich liebe Dich und bin unendlich stolz auf Dich!

Deine Mama

FEIERN

DIE PRINZESSINNEN-TEEPARTY

MÄDCHEN LIEBEN ES, PRINZESSIN ZU SEIN. SCHREIBT EINE EINLADUNG ZUR PRINZESSINNEN-TEEPARTY. DANN EINEN KLEINEN ZAUBERSTAB ODER EINE PFAUENFEDER DARAN BEFESTIGEN. ODER IHR SCHNEIDET DIE EINLADUNG IN FORM EINES PRINZESSINNENKLEIDES AUS UND BINDET EINEN ROCK AUS TÜLL UM DIE TAILLE.

Am:

Um: Uhr

Deine

DOWNLOAD AUF MEINESVENJA.DE

FEIERN

MUFFINTOPPERS

Muffins sind heute das Gebäck der Wahl. Rührt Teig an (Rezept Seite 87) und färbt einen kleinen Teil davon mit Lebensmittelfarbe ein. Dann beide Teigsorten in die Förmchen füllen und mit einem Holzstäbchen vermischen. Während sie backen, könnt ihr diese wunderbaren Muffintoppers unter **www.meinesvenja.de/downloads** ausdrucken und an Zahnstochern befestigen. Alternativ könnt ihr sie auch aus lustigen Fotos eurer Kinder basteln.

DOWNLOAD AUF MEINESVENJA.DE

WEITERE BELIEBTE NASCHEREIEN

- Sandwiches, die mit Keksausstechern in Stern-, Herz- oder Blumenform gebracht werden.
- Brownies, in Rautenform geschnitten und mit kandierten Blumen geschmückt.
- Käse (wieder mit Ausstechern in Form gebracht) und Cracker.
- Mini-Fruchtspieße und Mini-Windbeutel (gibt es tiefgefroren).

DIE QUASTENGIRLANDE

Was ihr braucht

DIESE GIRLANDE MACHT ECHT WAS HER! UND SIE IST LEICHT ZU BASTELN.

- *Seidenpapierbögen* (am besten in verschiedenen Farben)
- *Schere, Kordel oder Band*

▸ Seidenpapierbögen gefaltet einschneiden. Zwei Zentimeter bleiben oben ganz.

▸ Bögen auseinanderfalten und in der Mitte einrollen.

▸ Den mittleren Teil wie beim Auswringen verdrehen.

▸ Zur Schlaufe legen und damit an einem Band festknoten.

DAS VERKLEIDUNGSSPIEL

Spielen wollen Prinzessinnen natürlich auch – zum Beispiel lieben sie es total, sich zu verkleiden. Stellt dafür zwei Sets witziger Prinzessinnenoutfits zusammen (lange Kleider, hohe Schuhe, lange Strümpfe, Perücken, Hüte, Tutus, Tiaras, Zauberstäbe, Fächer …) und legt sie in zwei Körbe. Klebt mit Tape eine Linie auf den Boden und stellt die Körbe am anderen Ende des Raumes auf. Nun teilt die kleinen Prinzessinnen in zwei Mannschaften ein. Die erste Spielerin rennt zu ihrem Korb, zieht alles an, was drin ist, und läuft zurück zu ihrer Mannschaft. Dort zieht sie alle diese Kleider wieder aus – und die nächste Spielerin zieht sie wieder an.
Dann rennt sie zum Korb und zieht dort alles wieder aus. Zurück an der Startlinie klatscht sie die Nächste aus ihrer Mannschaft ab, die wieder zum Korb rennt, alles anzieht … und so geht es weiter, bis die letzte Spielerin alles an- und ausgezogen hat. Das Team, das als Erstes fertig ist, hat gewonnen.

FEIERN

DIE MODEDESIGNERINNEN

Die kleinen Ladys dürfen ein Outfit designen – und haben dafür nichts als Aluminiumfolie. Dieses Spiel lässt sich am besten in Zweierteams spielen. So kann immer ein Mädchen das jeweils andere einkleiden. Das Tolle ist: Aus Alufolie lassen sich nicht nur Kleider, Hosen und Oberteile formen, sondern auch Sonnenbrillen, Hüte, Perücken, Tiaras, Ketten und Ringe, Gürtel und Schuhe.
Neben mehreren Rollen Aluminiumfolie könnt ihr den Prinzessinnen natürlich auch Bänder, Gummis oder Kordeln an die Hand geben – für noch ausgefallenere Kreationen.
Macht am Schluss ein Foto von allen Outfits.

BLIND SCHMINKEN

Ein Mädchen bekommt die Augen zugebunden. Die Schminksachen liegen vor ihm ausgebreitet. Nun darf es das Mädchen, das ihm gegenübersitzt, schminken. Dabei unbedingt vorher alle drauf hinweisen, dass die Augen nur unter Mithilfe von jemandem geschminkt werden dürfen, der etwas sieht! Natürlich können die Umsitzenden die »Blinde« auch dirigieren und laut »Mehr rechts« oder »Weiter oben« rufen. Lasst die Mädchen nicht vor einen Spiegel, bis alle einmal dran waren. Das Gelächter ist riesig. Vergesst nicht, ein Gruppenfoto zu machen, bevor ihr die Feuchttücher zum Abschminken ausgebt.

BLIND MALEN

Noch ein Spiel mit verbundenen Augen. Lasst die kleinen Hoheiten diesmal blind eine Prinzessin malen und danach vielleicht noch ein Schloss. Legt ihnen alles zurecht, bevor ihr ihnen die Augen verbindet.
Schreibt nachher den Namen des jeweiligen Kindes hinten aufs Blatt – denn es wird sonst kaum erkennen, welches Bild von ihm stammt. Am Ende wird ausgewertet: Welche Prinzessin hat am realistischsten gemalt, welche am verrücktesten?

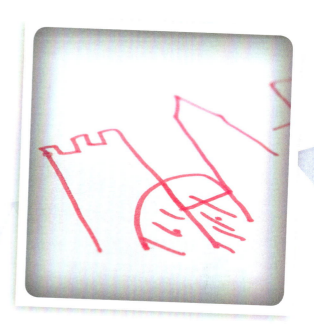

KISSEN DEKORIEREN

Besorgt weiße Kissen und Stoffmalfarbe oder – je nach Alter – Stifte. Dann schreibt ihr »Prinzessin _____« (Name des Kindes) auf das Kissen und lasst die Mädchen ihre Kissen nach ihrem Geschmack anmalen.

FEIERN

DAS GEMÄLDE

Macht von jeder kleinen Prinzessin auf der Teeparty ein Foto und bearbeitet es mithilfe von Instagram, der kostenlosen Foto- und Video-Sharing-App (siehe Seite 143). Am besten, ihr wählt einen Vintage-Look, dann wirken die Bilder schön alt und ehrwürdig. Nun einfach farbig ausdrucken.

Derweil können die Kinder mit goldenem Tonkarton Rahmen für ihre Fotos basteln und sie nach Herzenslust mit Glitzer, Perlenstiften und anderem Dekor verzieren. Die Fotoausdrucke kommen hinter die Rahmen – und fertig sind die Gemälde. Natürlich darf jede Prinzessin ihr Bild am Ende des Tages mit nach Hause nehmen.

DIE WANDMALEREI

Befestigt auf einer großen Wandfläche weißen Fotokarton und lasst die jungen Künstlerinnen nun gemeinsam diese »Wand in einem Schloss« gestalten. Woodystifte oder Wachsmalkreide lassen das Gemälde farbenfroh und ausdrucksstark werden. Falls sie sich nicht einigen können, was sie malen wollen, habt ein paar Beispielfotos von Wandmalereien zur Hand, dann ist schnell ein Thema gefunden.

FEIERN

KEKSE DEKORIEREN

Backt einen Tag vor der Party mit dem Geburtstagskind Kekse in Form von Kronen, Sternen und Herzen, die die kleinen Prinzessinnen dann während der Party dekorieren können. Dazu einfach kleine Schüsseln mit Puderzucker verteilen, Wasser hinzufügen und Lebensmittelfarbe untermischen. Haltet mehrere Pinsel zum Einstreichen der Kekse bereit – und natürlich jede Menge Gebäckdeko: von farbigen Zuckerstreuseln über bunte Kügelchen bis hin zu Zuckerschrift und Herzchenkonfetti.

Ideen für die Goody bags

Tiaras, Zepter oder Zauberstäbe, Seifenblasen, Glitzersticker, eine Prinzessinnenzeitschrift, Fächer, Ringe, Stifte, Armbänder, Lipgloss, ein kleiner Kamm

Alles in Tüll wickeln und mit einer Schleife zubinden. Oder kleine Körbe mit Glitzerjuwelen verzieren und als Goody bags mitgeben.

FEIERN

Der Piratengeburtstag

WENN JUNGS ZUM PIRATENFEST EINLADEN, DANN PER
FLASCHENPOST. DAZU EINE KARTE EURER UMGEBUNG AUF
BRAUNES PAPIER MALEN, EUER HAUS MIT EINEM X KENNZEICH-
NEN. AN DEN RÄNDERN DAS PAPIER »ANKOKELN«. AUFROLLEN, IN EINE
FLASCHE STECKEN, ETWAS SAND UND EIN PAAR MUSCHELN DAZU.

DOWNLOAD
AUF MEINE
SVENJA.DE

AHOI MATROSEN!

WIR FREUEN UNS, DEN GEBURTSTAG VON ....
ANZUKÜNDIGEN. KOMMT AUF UNSER PIRATENSCHIFF,
DAS IN DER .... VOR ANKER LIEGT.
DAS SCHIFF LEGT AM .... AB, WENN DIE UHR .... SCHLÄGT.
DIE GROSSEN LANDRATTEN DÜRFEN DIE KLEINEN PIRATEN ABHOLEN, WENN
WIR UM ....WIEDER ANGELEGT HABEN.
BITTE LASS DEN KAPITÄN WISSEN, OB DU MITSEGELN KANNST.
TELEFONNUMMER ....

Schatz

SEGELBOOTMUFFINS

Echte Piraten lieben Schiffe – da kommen diese Segelbootmuffins ganz bestimmt gut an (Rezept Seite 87). Ihr könnt die Toppers unter *www.meinesvenja.de/downloads* downloaden. Dann ausdrucken, ausschneiden und die Fähnchen mittig um Zahnstocher herumkleben. Wenn ihr einen Klebestift hernehmt, funktioniert das ohne Probleme.

DOWNLOAD AUF MEINESVENJA.DE

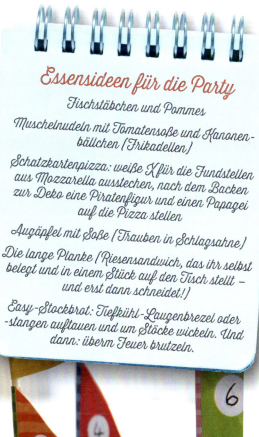

Essensideen für die Party

Fischstäbchen und Pommes

Muschelnudeln mit Tomatensoße und Kanonenbällchen (Frikadellen)

Schatzkartenpizza: weiße X für die Fundstellen aus Mozzarella ausstechen, nach dem Backen zur Deko eine Piratenfigur und einen Papagei auf die Pizza stellen

Augäpfel mit Soße (Trauben in Schlagsahne)

Die lange Planke (Riesensandwich, das ihr selbst belegt und in einem Stück auf den Tisch stellt – und erst dann schneidet!)

Easy-Stockbrot: Tiefkühl-Laugenbrezel oder -stangen auftauen und um Stöcke wickeln. Und dann: überm Feuer brutzeln.

Die Totenkopfwimpelkette

▶ Malt einen Totenkopf auf ein Stück Pappe. Ausschneiden, auch Nase, Augen und Mund.

▶ Schablone auf Stoff übertragen, ausschneiden. Mit Edding Gebiss aufmalen.

▶ Den oberen Teil in die Falz eines Schrägbandes schieben. Mit Stoffkleber befestigen.

▶ Wer lieber eine Nähmaschine benutzt – Totenkopf in der Falz festnähen.

PIRATENNAMEN

Jedes Kind darf sich zu Beginn der Party einen Piratennamen ausdenken. Diesen Namen schreibt ihr auf ein Namensschild, das ihr dem kleinen Piraten anheftet. Ab jetzt wird er nur noch bei diesem Namen genannt, also zum Beispiel Blut-Ede, Einbeiniger Joe oder Dreifinger-Jack.

SCHWIMMEN ODER UNTERGEHEN

Dieses Spiel ist eine Variante des bekannten Stopptanzens. Die Musik wird laut aufgedreht und alle kleinen Piraten beginnen, wild zu schwimmen – also mit den Armen zu kraulen und umeinander zu rennen. Wenn die Musik angehalten wird, sinken alle zu Boden. Wer als Letztes still liegt, scheidet aus.

WILDNIS

Die Piraten stranden auf einer Insel und müssen sich durchs Pflanzendickicht schlagen. Schaffen sie es, auf der anderen Seite der Insel anzukommen? Auf dem Weg erwarten sie viele Hindernisse:

- Große, aneinandergetapte Kartons, durch die sie kriechen müssen.
- Ein Hula-Hoop-Reifen, den sie über den Kopf stülpen müssen, um ihn am Körper runterzuführen und am Ende wieder aus ihm rauszusteigen.
- Ein Slalomkurs, gekennzeichnet durch Tennisbälle.
- Ein mit Wasser gefüllter Luftballon, den sie zum Zerplatzen bringen müssen.
- Eine lange Holzplanke, über die sie balancieren müssen.
- Eine Wäschewanne mit Kieseln und Wasser, durch die sie waten müssen.
- Ein Eimer mit Matsch und Gras, in den sie steigen müssen.

HILFE, WIR KENTERN!

Ein nasses Spiel, das man nur draußen spielen kann. Ihr braucht vier Eimer, zwei Mannschaften und zwei Schwämme. Stellt euch vor, es ist Wasser ins Schiff gelaufen, das dringend rausgeschöpft werden muss, weil sonst der Untergang droht. An der Startlinie stehen also zwei mit Wasser gefüllte Eimer. Die Kinder müssen jetzt ihren Schwamm in den Wassereimer stecken, bis er sich vollgesogen hat, und dann mit dem nassen Schwamm zum Eimer am anderen Ende des Spielfeldes rennen. Dort wringen sie den Schwamm aus – und wer am Ende am meisten Wasser in den anderen Eimer schaffen konnte, hat gewonnen.

SÄBELRENNEN

Für dieses Spiel braucht ihr zwei Schatzkisten, zwei Säbel aus Plastik oder Holz und mehrere Goldmünzen – zum Beispiel die aus Schokolade. Jetzt werden die Kinder in zwei Teams aufgeteilt und stellen sich an einer Startlinie auf. Der jeweils erste Spieler bekommt ein Schwert und eine Goldmünze, die er vorn auf die Klinge legt. Nun muss er die Münze bis zur Schatzkiste seines Teams auf der anderen Seite des Zimmers oder des Gartens balancieren. Wem die Münze runterfällt, der muss zurück zu seinem Team, den Säbel an den nächsten Spieler übergeben und sich wieder hinten anstellen. Die Mannschaft, die zuerst all ihre Goldmünzen in der Schatzkiste hat, hat gewonnen.

FEIERN

PIRATENDUELL

Für dieses Spiel braucht ihr zwei Kinderstühle oder -hocker und zwei Schwimmnudeln. Stellt die Kinderstühle mit etwas Abstand voneinander auf, sodass sie zueinander zeigen. Nun steigen zwei Piraten auf die Stühle und versuchen sich im Stehen gegenseitig nur mithilfe der Schwimmnudel vom Stuhl zu schmeißen. Jeder Pirat hat jeweils zwei Hiebe, dann ist erst mal der andere dran – immer abwechselnd.

FEIND IM ANMARSCH

Wer mit einem Feind kämpft, muss blitzschnell ausweichen können – und das heißt im Zweifelsfall auch: schnell rückwärts laufen. Deshalb treten bei diesem Spiel immer zwei kleine Piraten im Rückwärtslauf gegeneinander an. Die Sieger müssen sich wieder im Wettlauf messen, bis am Ende nur noch einer übrig bleibt: der Pirat, den kein Feind jemals zu fassen bekommt.

FEIERN

SCHATZKISTE FÜLLEN

Stellt eine Schatzkiste auf und zieht in einiger Entfernung eine Linie, hinter der sich die Piraten aufstellen müssen. Jetzt bekommt jeder Goldmünzen, die er in die Schatzkiste werfen muss. Wer am häufigsten trifft, gewinnt.

GOLDMÜNZEN FINDEN

Noch eine Idee: Vergrabt 50 Goldtaler (zum Beispiel aus Schokolade mit Goldpapier) im Sandkasten – wer innerhalb von zehn Minuten die meisten Münzen findet, hat gewonnen.

DIE SCHATZSUCHE

Macht eine Schatzkarte, die mehrere Stopps beinhaltet. Dort versteckt ihr jeweils eine Frage über Piraten. Wenn die Kinder diese beantwortet haben – nächste Station. Am Ende habt ihr einen Schatz vergraben. Wenn ihr die Schatzsuche bei Dämmerung startet, eignen sich kleine Taschenlampen oder Knickleuchtstäbe.

INSELHÜPFEN

Bildet zwei Mannschaften und gebt ihnen Moosgummi- oder Gymnastikmatten – das sind die Inseln. Wenn ihr drinnen spielt oder es sehr trocken ist, würde es auch mit auseinandergefalteten Zeitungen gehen. Beide Mannschaften bekommen genau eine Insel mehr, als sie Teammitglieder haben. Jetzt gebt ihr den Kindern eine Startposition und ein Ziel vor. Ihre Aufgabe ist es, nur auf den Inseln stehend bis zum Ziel zu gelangen. Dazu muss die vorderste Person in der Reihe das überzählige Inselstück vor sich legen und betreten. Die anderen Piraten rücken jeweils auf. Dann hebt der letzte Pirat die leere Matte hinter sich auf und reicht sie nach vorn durch. Das geht so lange, bis der letzte im Ziel angekommen ist.

DIE ENTSCHEIDENDE SCHLACHT

Große Ballons (die, an denen eine Art Haushaltsgummi befestigt ist) aufblasen, die Piraten wickeln sich die Gummis um die Hand und die Ballonschlacht ist eröffnet.

Ideen für die Goody bags

Kompass

Piraten-Tattoos

Plastikaugenklappe

Goldmünze

Schleichaffe oder -papagei

Piratendiplom

Totenkopfring

Schatzkisten (von Playmobil)

Alles in ein buntes Bandana (Stoff mit Bandanamotiven gibt es günstig am Meter) einwickeln oder in eine braune Papiertüte legen, die ihr vorher wie eine Schatzkarte angemalt habt.

PLANUNG & ORGANISATION

Kinder brauchen Eltern, auf die sie sich verlassen können. Dieses Kapitel hilft euch nicht nur dabei, Abläufe zu schaffen, die euren Kindern ein Gefühl von Sicherheit vermitteln. Ihr bekommt auch Anregungen für Strukturen, die euch die Bewältigung und Gestaltung des Alltags erleichtern – und verschönern.

PLANUNG

DER KALENDER

FAMILIE HEISST AUCH: ORGANISATION. WIE SCHAFFT IHR ES, AN ALLE TERMINE ZU DENKEN? ALLES MITZUNEHMEN, WENN IHR EUER ZUHAUSE VERLASST?

»Mama, Nina hat mich zu ihrem Geburtstag eingeladen.« »Wir haben einen Infozettel zum Ausflug bekommen.« »Schau mal, das hat mir meine Lehrerin für dich mitgegeben.«
Eine Familie zu organisieren funktioniert am besten, wenn ihr es schafft, die Flut von Terminen, Einladungen und Merkzetteln so zu strukturieren, dass ihr

a) nichts vergesst,
b) jedes Familienmitglied die Planung jederzeit einsehen kann und
c) alle Arten von Medien dort einen Platz haben.

Auch wenn digitale Kalender der Renner sind – mit Kindern im Kindergarten- und Schulalter werdet ihr von Mitteilungen in Papierform überschwemmt. Hier eine neue Adressliste, dort ein Anschreiben vom Förderverein ... Wer diese Zettelflut unkoordiniert an den Kühlschrank oder eine Pinnwand heftet, wird garantiert irgendwann etwas übersehen. Besser ist es, ihr führt einmal ein System ein, das die ganze Familie dann nutzen kann. Dafür eignet sich am besten ein großer, immerwährender Kalender, der pro Seite einen ganzen Monat abbildet. Ihr könnt ihn passgenau bei jedem Schilder- und Beschriftungsservice anfertigen lassen.

Lasst die Oberfläche dort sowohl mit Tafel- als auch mit Magnetfolie beziehen, dann könnt ihr magnetisch Sachen daran befestigen und auch mit einem speziellen Stift darauf schreiben. Termine kann man mit speziellen Markern auf die Folie schreiben und später wieder wegwischen. Was noch Platz findet: wichtige Telefonnummern, Fotos, Zitate und To-do-Listen.

Doch so ein Kalender ist nicht nur praktisch – ihr könnt ihn auch je nach Jahreszeit kreativ gestalten. So haben die Kinder einen Grund mehr, hin und wieder draufzuschauen und von Anfang an zu lernen, dass es für eine funktionierende Gemeinschaft immer auch eine gesunde Organisation braucht.

PLANUNG

Der große Ordner

»WAS MACHEN WIR AM WOCHENENDE?« »WAS KÖNNTEN WIR MAL WIEDER ZUSAMMEN UNTERNEHMEN?« »WEISST DU NOCH, ALS WIR LETZTES JAHR IM MÄRCHENPARK WAREN?« GUTE IDEEN UND SCHÖNE ERINNERUNGEN BEWAHRT MAN AM BESTEN AN EINER STELLE AUF.

Der große Ordner ist eine Art »Ideen-Ordner für eine schöne Kindheit«. Ihr wart im Märchenpark und es hat euch gut gefallen? Nehmt eine Broschüre mit und heftet sie in den großen Order. Genauso den Zooübersichtsplan, das Programm des Theaters, in dem diese fantastische Aufführung von Pippi Langstrumpf lief. Das Leaflet vom Museum, von der Stadtführung und vom Botanischen Garten – Kinder lieben es, in diesem Ordner zu stöbern. Beim Durchschauen werden gemeinsame Erinnerungen wach, wie »Da hat Papa sich Ketchup aufs Hemd gekleckert« oder »Da war doch diese unverschämte Frau, die sich vorgedrängelt hat.« Unbezahlbar, was Kinder sich alles merken.

Um lokale Aktionen wie Museumssonntag (freier Eintritt in allen Museen), Tag der offenen Tür bei der Freiwilligen Feuerwehr oder Flohmarkt nicht zu verpassen, solltet ihr regelmäßig die kostenlosen Stadtteilzeitungen lesen. Ebenfalls gut: Abonniert die Newsletter der Internetseite eures Wohnorts, der nahen Discounter und Supermärkte sowie vom Lieblingshallenbad oder -veranstaltungsort. Dann wisst ihr immer, wo etwas geboten ist.

PLANUNG

MORGENROUTINE

MORGENS ENTSTEHT OFT FURCHTBARE HEKTIK – DABEI IST DER START IN DEN TAG SO
WESENTLICH FÜR SEIN GELINGEN. SORGT ALSO FÜR EINE MORGENROUTINE,
DIE EUCH UND DEN KINDERN DIE SICHERHEIT GIBT, DASS NICHTS VERGESSEN WIRD
UND FÜR ALLES GENÜGEND ZEIT IST.

Kinder schaffen es immer wieder, einen morgens auf die Palme zu bringen. Da fallen Sätze
wie: »Ich will das nicht anziehen!« oder »Ich bin noch so müde.« Dann findet der eine seine
Mütze nicht und der andere hat gestern vergessen, seine Trinkflasche aus der Schultasche
zu nehmen und in die Küche zu stellen. Das alles kostet Zeit – und die ist das Einzige, was
man morgens nicht hat. Zumindest dann nicht, wenn alle pünktlich im Kindergarten, in der
Schule und bei der Arbeit ankommen wollen. Wie könnt ihr die morgendliche Hektik unter
Kontrolle bringen?

- Abends checken, ob die Kinder ihre Getränkeflaschen und Butterbrotdosen aus dem
  Rucksack oder Schulranzen/Tornister genommen haben.
- Trinkflaschen waschen und auf die Küchentheke stellen. Getränkeflaschen kommen
  daneben.
- Sind Schlüssel und Portemonnaie an ihrem Platz?
- Sind alle elektronischen Geräte aufgeladen?
- Rauslegen, was ihr speziell für diese Jahreszeit braucht: Handschuhe, Regenjacken, Matsch-
  hosen, Mützen, Sonnencaps, Sonnenmilch.
- Die Kleidung mit den Kindern gemeinsam am Abend zuvor rauslegen.
  Schultasche packen. Eigene Arbeitstasche packen.
- Busfahrschein oder Kleingeld für öffentliche Verkehrsmittel rauslegen.

PLANUNG

ABENDROUTINE

AUCH NACH DEM AUFREGENDSTEN TAG HEISST ES ABENDS: ZUR RUHE KOMMEN UND SCHLAFEN GEHEN. DAMIT DAS EINFACHER UND FÜR ALLE WIRKLICH ENTSPANNEND WIRD, IST EINE ABENDROUTINE WICHTIG, EIN IMMER GLEICHER ABLAUF ZUM ENDE DES TAGES.

Es ist Schlafenszeit. Der Schlüssel, um euren Kindern den Abschied vom Tag zu erleichtern, sind Rituale. Das fängt beim Ausziehen der Kleidung und dem Anziehen der Schlafanzüge an. Dann geht es weiter zur Abendtoilette – Zähneputzen, Gesicht und Hände waschen und im Sommer auch die Füße. Dann gehen alle noch einmal auf die Toilette, denn sonst steht gleich wieder der Erste im Flur.

Nach dieser Abfolge, die immer zur gleichen Zeit stattfinden sollte, kommt eure gemeinsame Zeit vor dem Einschlafen. Was könnt ihr tun, um eure Kinder gemütlich auf die Nacht einzustimmen? Das Schönste ist wohl, gemeinsam zu beten und euch beim lieben Gott für den schönen Tag zu bedanken. Dabei werden all die wunderbaren Erlebnisse noch mal erinnert. In Familien, die nicht beten, können die Kinder einfach so aufzählen, was sie heute am schönsten fanden. Aber auch wenn sich jemand besonders über etwas geärgert hat, darf er es jetzt sagen, damit er es vor dem Schlafen aus dem Kopf hat.

PLANUNG

DIE FACEBOOK-GRUPPE

AUCH WENN ZWISCHEN MÜTTERN IMMER NOCH VIEL ÜBER DAS TELEFON ABLÄUFT –
MANCHMAL MACHT ES SINN, EINE FACEBOOK-GRUPPE ZU GRÜNDEN,
ZU DER NUR GELADENE MITGLIEDER BEITRETEN KÖNNEN.

Nachbarn, andere Kindergarten-Eltern, die Leute, mit denen ihr über eure Kinder im Alltag eng verbunden seid – bildet mit ihnen eine Facebook-Gruppe für die Belange, die im ganz normalen Leben so auftauchen. Dann könnt ihr alle auf kurzem Weg und mit wenig Aufwand die jeweils anderen informieren.

▶ Liebe Nachbarn, wir wollen uns einen Babysitter »zulegen«. Hat jemand einen Tipp oder einen eigenen, nicht ausgelasteten Babysitter?

▶ Ich hab eine kranke Maus zu Hause, die nur Milch trinken möchte. Könnte mir jemand mit ein oder zwei Tüten aushelfen?

▶ Wer will mit zum Eishockey? Am Freitagabend um 19:30 Uhr steigt das bayerische Derby – ich kann Freikarten besorgen!

▶ Guten Morgen, liebe Nachbarn! Ich brauche eure Hilfe: Wer kann mir ein super fesselndes, aber entspannendes Buch ausleihen? Ich möchte mich heute den ganzen Tag in diesem Buch verlieren und auf dem Sofa liegen.

▶ Suchen: Mias taupefarbene Mütze mit hellrosa Blumen und ihr weißes Halstuch mit taupefarbenen Punkten! Leider nicht mehr aufzufinden.

> PLANUNG

Die laminierte Liste

»WIR WOLLEN SCHWIMMEN GEHEN, MAMA.« »OKAY, DANN PACKT DOCH SCHON MAL DIE TASCHE!« DAS GEHT NICHT? WEIL KINDER DIE HÄLFTE VERGESSEN WÜRDEN? NICHT MIT DER LAMINIERTEN LISTE!

Mit dieser Liste können eure Kinder ab jetzt selber packen. Und ihr habt endlich einmal Zeit, euch in Ruhe einen Kaffee zu machen, bevor ihr ins Auto oder aufs Fahrrad steigt.

UND SO GEHT'S

- Ein Foto von allen Sachen machen, die in die Schwimmtasche gepackt werden müssen.
- Das Foto ausdrucken und laminieren.
- Die Kinder mit diesem Bild zum Einpacken losschicken.
- Funktioniert auch bei Sportsachen, Familienausflügen, Schlittentouren …

Svenjas Super-GEHEIM-Tipp:

Die Lösung fürs effiziente Packen: Ich habe immer eine große Tasche (gern die blaue Tasche von Ikea) für unsere Standardausflüge fertig gepackt dastehen. Zum Beispiel eine Badetasche mit Handtüchern, Schwimmsachen und Wasserspielzeugen.

Ich habe viele kleine Teilpakete in wasserfesten Nylontaschen, zum Beispiel eine kleine Notfallapotheke, Malsachen, Spiele, Snacks. Je nach Bedarf kann ich diese dann noch in die große Tasche stecken, ohne dass ein Chaos und Sammelsurium aus tausend Einzelteilen entsteht.

PLANUNG

Das Raus-Regal

»OH MAMA, JETZT HABEN WIR DAS SPORTZEUG VERGESSEN!« »MIST, ICH WOLLTE DOCH DAS KLEID FÜR DIE REINIGUNG MITNEHMEN!« »WO IST DENN DER NOTENSTÄNDER?«

Die Lösung heißt »Raus-Regal«. Es wartet im Eingangsflur und ist die beste Erfindung der Welt – und ein absolutes Muss für einen Haushalt mit Kindern, damit ihr nicht immer die Hälfte vergesst. In dieses Regal legt ihr alles, was raus muss oder mitgenommen werden will. Also die ausgelesenen Büchereibücher, die fällig sind. Post, die eingeworfen werden muss, die Flötentasche, ausgeliehene Spielzeuge oder Frühstücksgeld. Oder Extras für Schule oder Kindergarten (beim Mitbringtag, bei Schnee und Regen und so weiter). Wenn ihr euren Kindern frühzeitig beibringt, immer erst auf dem Regal nachzuschauen, bevor sie das Haus verlassen, spart ihr euch viele Extrawege.

PLANUNG

BACK TO SCHOOL

WENN DAS NEUE KINDERGARTEN- ODER SCHULJAHR BEGINNT, GILT ES, DEN ÜBERBLICK ZU BEHALTEN. AM BESTEN MIT EINER CHECKLISTE:

- Ein paar Tage vorher anfangen, die Schlafenszeiten wieder umzustellen.
- Kleidung – ist alles komplett, sauber und vorhanden? Auch an zweite Garnituren (Turnsachen, Matschhosen, Hausschuhe und so weiter) denken.
- Sind Tornister/Schulranzen, Rucksäcke und Turnbeutel funktionsfähig und sauber?
- Sind Trinkflaschen und Brotdosen funktionsfähig und sauber?
- Schulmaterialien – ist alles komplett und vorhanden? Noch einmal mit der Liste abgleichen, die die Schule ausgehändigt hat, und fehlende Dinge aufstocken.
- Wie sieht der Arbeitsplatz jedes Kindes aus? Ist er noch altersgerecht? Aufgeräumt?
- Fahrgemeinschaften oder Schulwegbegleitung organisieren. Wenn die Kinder das erste Mal mit Bus oder Fahrrad fahren, vorher üben und auf die kritischen Stellen (Zebrastreifen, Ampeln ...) aufmerksam machen.

Svenjas Super-GEHEIM-Tipp:

Kinder wie Eltern brauchen Freizeit, in der sie machen können, was sie möchten. Deshalb besprecht doch mal vor dem neuen Kindergarten- oder Schuljahr: Wie sieht ein normaler Tagesablauf bei euch aus? Wann ist Kindergarten- und Schulbeginn, wann Ende? Wann wird gegessen, wann ist Zeit für die Hausaufgaben und wann beginnt die Freizeit? An wie vielen Tagen in der Woche haben die Kinder nachmittags etwas vor? Wollen sie das so weiterführen? Bleibt genug Zeit zum freien Spielen und für Lust-und-Laune-Aktionen?

PLANUNG

Die Jahresplanung

IHR MÖCHTET EUREN KINDERN ZEIGEN, WIE MAN SICH ZIELE SETZT UND SIE ERREICHT? DANN IST DIE FAMILIÄRE JAHRESPLANUNG EIN SPIELERISCHER WEG, UM IHNEN GENAU DAS NÄHERZUBRINGEN.

Setzt euch zum Jahresende mit der gesamten Familie hin und schmiedet Pläne für das nächste Jahr. Wollt ihr für eine Reise sparen? Mehr Bücher lesen? Ein Baumhaus bauen? Ein großes Sommerfest veranstalten? Ein Haustier anschaffen?
Neben den gemeinsamen Zielen hat sicher auch jedes einzelne Familienmitglied Pläne: Endlich Fahrrad fahren oder schwimmen lernen. Eine Schulnote verbessern oder mehr Gemüse essen. Erzieherische Ansätze haben hier auch Platz: Wie wäre es, das Bett jeden Tag zu machen? Das Licht immer auszuschalten, wenn man das Zimmer verlässt?
Schreibt alles auf und setzt euch alle paar Monate zusammen, um zu schauen, welche Pläne ihr bereits umgesetzt und welche Ziele ihr erreicht habt. Ermutigt die Kinder, an ihren Zielen dranzubleiben. Selbstverständlich kann die Planung im Laufe des Jahres angepasst werden. So lernen die Kinder, dass es wichtig ist, nicht nur »zielstarr« zu sein, sondern auch »wegflexibel«, um dort anzukommen, wo man hin möchte. Ganz nebenbei ist die Jahresplanung ein Tool, um Selbstbewusstsein und Entscheidungsfreudigkeit zu stärken.

PLANUNG

DAS ZITATEBUCH

KINDER SAGEN DIE LUSTIGSTEN DINGE – UND MEIST VERGISST MAN SIE WIEDER, BIS MAN IN DER NÄHE EINES ZETTELS UND STIFTES IST. ABER: EIN HANDY HAT MAN EIGENTLICH IMMER DABEI. AM BESTEN SCHNELL DAS ZITAT ALS SMS ODER MAIL AN EUCH SELBST SCHICKEN. ZU HAUSE AM PC KÖNNT IHR ES DANN IN RUHE IN EIN ZITATEDOKUMENT ÜBERTRAGEN UND EINMAL IM JAHR EIN KLEINES ZITATBÜCHLEIN ANFERTIGEN.

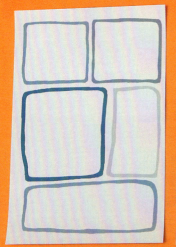

PLANUNG

Die Jahreszeitenliste

DOWNLOAD AUF MEINE SVENJA.DE

WIE KOMMT ES EIGENTLICH, DASS MAN JEDES JAHR ZUM SOMMERANFANG DENKT: »MIR FALLEN TAUSEND SACHEN EIN, DIE ICH MACHEN MÖCHTE« – UND DANN IST PLÖTZLICH OKTOBER UND MAN WEISS GAR NICHT, WO DIE ZEIT GEBLIEBEN IST.

Damit euch das ab jetzt nicht mehr passiert, setzt euch doch zu Beginn der Jahreszeiten mit eurer Familie hin und überlegt, was ihr gern unternehmen, spielen und erleben würdet. Schreibt alles auf eine Liste, tippt sie ab und laminiert sie. So könnt ihr jedes Mal, wenn die Frage »Was machen wir heute?« aufkommt, einfach auf die Liste schauen und euch auf etwas einigen. Downloads gibt's unter www.meinesvenja.de/downloads. Alternativ könnt ihr jede Idee auf einen Zettel schreiben und in ein Marmeladenglas stecken und dann eine Idee »ziehen«, wenn es soweit ist.

Im Sommer

- Fahrradtour
- Wasserbombenschlacht
- Eine Hütte im Wald bauen
- Verstecken spielen
- Limonadenstand eröffnen
- Einen Schuhkarton bemalen, in dem man alle Schätze sammelt, die man im Sommer draußen findet
- Eiscreme selber machen
- Steine anmalen
- Fußball spielen
- Im See baden
- Picknick
- Wasserrutschenpark

Im Frühling

- T-Shirts färben
- Enten füttern
- Blumen pflanzen
- Botanischer Garten
- Tageswandertour
- Badminton spielen
- Stadtfest
- Fußnägel lackieren
- Zoo
- Frisbee spielen
- Zu dem Spielplatz mit der langen Rutsche fahren
- Flohmarkt

Frühling

PLANUNG

Im Herbst

- Angeln gehen
- Eine Zaubervorführung einüben und vorführen
- Die Feuerwache besichtigen
- Papierflieger-Wettbewerb
- Das Kinderzimmer neu dekorieren
- Im Regen spielen
- Steine über den See springen lassen
- Rollschuh fahren
- Naturmuseum
- Unsere Siedlung aus Legosteinen bauen
- Einen Bauernhof besuchen
- Hindernisparcours für Spielzeugautos bauen

Herbst

Im Winter

- Kutschfahrt
- Kekse backen
- Weihnachtssterne basteln
- Schlitten fahren
- Schneemann bauen
- Collage aus Zeitschriften machen
- Weihnachtsmarkt
- Abends durch die Stadt fahren und Weihnachtslichter anschauen
- Jemandem ein geheimes Geschenk machen
- Kalender fürs neue Jahr basteln
- Hexenhäuschen bauen

Winter

PLANUNG

DAS ERINNERUNGSGLAS

MEIST SIND ES DIE KLEINEN DINGE, DIE EINEN SCHÖNEN MOMENT AUSMACHEN.
SIE ZU SAMMELN KANN DAS GLÜCK VERLÄNGERN.

Ein Nachmittag, an dem ungeplant alle Kinder aus der Nachbarschaft friedlich zusammen spielen und die Mütter spontan noch das große Planschbecken aufstellen. Oder die Idee, ein Deckenzelt zwischen den zwei Bäumen zu bauen – woraus sich dann ein Spiel entwickelte, das bis in die Abendstunden dauerte. Das große Iglu, das Vater und Sohn in nur einer Stunde gebaut haben ... Wäre es nicht schön, diese Erinnerungen über das Jahr bewusst zu sammeln und dann an Silvester vorzulesen? Fragt die Kinder immer abends oder am Wochenende, was heute das Schönste war, schreibt es auf und werft den Zettel in euer Erinnerungsglas.

Svenjas Super-GEHEIM-Tipp:

Erinnerungen kann man auch ganz praktisch in etwas Bleibendes verwandeln: Einfach die Erinnerungen in chronologischer Reihenfolge in ein Buch kleben und schon habt ihr eine Art Jahreschronik der besten Momente. Vielleicht habt ihr von dem ein oder anderen Ereignis sogar noch einen Schnappschuss gemacht?

PLANUNG

Memorabilia

HIER EIN PAAR IDEEN, WIE MAN GESAMMELTE SCHÄTZE SO AUFBEWAHREN KANN, DASS DIE ERINNERUNGEN AN DIE ERLEBNISSE LEBENDIG BLEIBEN.

Kinder lieben es, über etwas zu sprechen, was sie gemeinsam mit ihrer Familie erlebt haben. Doch mindestens genauso wichtig sind Gegenstände, die sie mit diesen Erlebnissen verknüpfen. Nicht umsonst können sie sich stundenlang mit Muschelsammeln und Steinesuchen beschäftigen.

PLANUNG

Das Fotojahresbuch

GERADE WEIL WIR HEUTE SO VIELE FOTOS MACHEN UND ES SO EINFACH IST, DIE SCHLECHTEN ZU LÖSCHEN, SCHAFFEN WIR ES OFT NICHT MEHR, FOTOALBEN ANZULEGEN. ABER WER SICH DIE MÜHE MACHT, WIRD DEFINITIV BELOHNT. DENN ERINNERUNGEN IN FORM EINES FOTOBUCHES, DAS MAN REGELMÄSSIG ANSCHAUEN KANN, DAS IST EINFACH WAS ANDERES.

PLANUNG

Hier einmal vier Ideen, wie ihr die Erinnerungen und das Fotomaterial eines Jahres in einem Buch zusammenfassen könnt:

► *Den Alltag weglassen und nur die Highlights des Jahres zusammenstellen:* Urlaube, der erste ausgefallene Zahn, Familienfeiern, Ausflüge, die bestandene Seepferdchenprüfung. Dieses Buch könnt ihr auch so gestalten, dass es sich ausschließlich auf die positiven Momente des Jahres bezieht. Zeigt alles, was in diesem Jahr gut war – so könnt ihr das Buch später immer wieder zur Hand nehmen und sagen: Das alles haben wir gemeinsam erlebt und erreicht.

► *Unsere Lieblingssachen:* Alles zeigen, was eurer Familie viel bedeutet. Freunde, Großeltern, Lieblingsessen, Lieblingsspielplatz, Restaurant, Park, Unternehmungen, Vereine, Blumen, T-Shirts.

► *Jahr für Jahr:* Jedes Jahr werden allen Familienmitgliedern immer wieder die gleichen Fragen gestellt. Was sind deine Lieblingsfarbe, -essen, -film und -musik? Was war dieses Jahr dein schönstes Erlebnis? Was macht dich glücklich? Was ist dein größter Wunsch?

► *Geschwisterliebe:* Geschwister, wie sie im Doppelkinderwagen schlafen, miteinander spielen, lachen, um die Wette laufen, schwimmen ...

Fotobücher sind optimal, um besonders spannende Erlebnisse oder Phasen festzuhalten – große Reisen, eine Einschulung oder die Schwangerschaft. Ihr könnt auch viele andere Projekte damit gestalten:

► *Ein Alphabet-Buch:* Für jeden Buchstaben eine Seite und ein Bild.

► *Unser Zuhause:* Von Lieblingsecken und Schmutzwäschebergen – einfach mal durch das Haus gehen und Fotos davon machen, wie ihr wirklich wohnt.

► *Die schönsten Kinderzeichnungen:* Einscannen und ab ins Buch.

► *Ein Kochbuch mit Fotoanleitungen:* So können auch schon die ganz Kleinen mitkochen.

► *Der Tag, an dem* eines der Kinder geboren wurde.

► *Weise Worte* von Oma Hilde.

Setzt euch zusammen mit den Kindern vor den Computer und schaut die Bilder durch, die sich eignen würden. Je nachdem, wie alt eure Kinder sind, können sie die Bildauswahl begleiten – oder das Buch sogar selbst erstellen.

PLANUNG

Sommerfotos-Checkliste

IM INTERNET GIBT ES CHECKLISTEN FÜR SOMMERLICHE FOTOS. DA SIE ALLE AUF ENGLISCH SIND, HABE ICH DIE BESTEN IDEEN FÜR EUCH ÜBERSETZT. AUF DASS IHR LUST BEKOMMT, VIEL ZU FOTOGRAFIEREN – UND AM ENDE DES SOMMERS EIN FOTOBUCH BASTELT.

- Fahrrad fahren
- Ein Ausflug ins Schwimmbad
- Ein Ausflug zum See
- Trampolin springen
- Seil springen
- Planschbecken-Spaß
- Eis am Stiel essen
- Blumen im Garten
- Familienfoto mit Sonnenbrillen
- Eine Gänseblümchenkrone flechten
- Eine Sandburg bauen
- Ein Abendspaziergang
- Packen für den Urlaub
- Flip-Flops
- Lackierte Fußnägel
- Schaukeln
- Schrumpelfinger nach einem Tag im Schwimmbad
- Kinder mit Taucherbrillen
- Der Blick aus der Haustür
- Der Blick aus der Terrassentür
- Fußball spielen
- Frisbee werfen
- Purzelbaum im Gras
- Ausflug in den Zoo
- Eine Wasserschlacht
- Ein Staudamm
- Steine flitschen
- Im Zelt schlafen
- Fußspuren im Sand
- Wasserball spielen
- Frisches Gemüse aus dem Garten
- Durch den Rasensprenger springen
- Knie mit Grasflecken
- Mit einem guten Buch entspannen
- Ins Wasser springen
- Gartenschlauch-Spaß

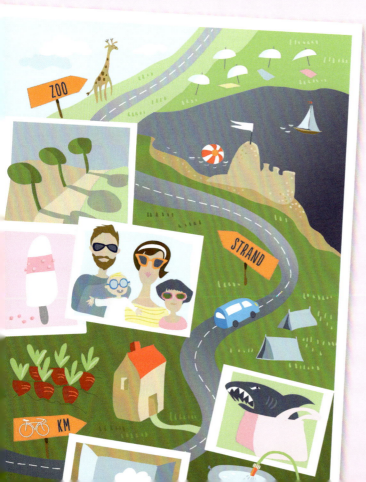

PLANUNG

Hilfreiche Adressen & Bücher

www.meinesvenja.de
Eine bunte Mischung aus allem, was den Alltag von Frauen mit und ohne Kinder so ausmacht. Backen, Basteln, Kochen, Zwischenmenschliches, hier und da ein kleiner Aufreger und jede Menge Motivation und Inspiration. Mein Motto lautet: »Wenn ich das kann, kannst du das auch.«

Ed Emberley
Bücher von dem Mann, mit dem Kinder bestens zeichnen lernen (siehe Seite 15), findet ihr bei der Edition Fischer. Lohnt sich wirklich!

www.instagram.com und **www.instaquoteapp.com**
Hier gibt es die Foto-Sharing-App und alle möglichen Infos dazu.

www.kryolan.com
Die Aquacolor-Paletten sind super für Kinderschminken.

www.idee-shop.de
Alles rund ums Basteln und Dekorieren.

www.ikea.de, www.lush.de, www.charlottas.de, www.twinsgarden.de
Materialien, Zubehör, Stoffe – hier findet ihr vieles von dem, was für die Ideen im Buch nützlich ist.

IMPRESSUM

Impressum

© 2013 GRÄFE UND UNZER VERLAG GmbH, München
Alle Rechte vorbehalten. Nachdruck, auch auszugsweise, sowie Verbreitung durch Bild, Funk, Fernsehen und Internet, durch fotomechanische Wiedergabe, Tonträger und Datenverarbeitungssysteme jeder Art nur mit schriftlicher Genehmigung des Verlages.

Projektleitung: Christine Kluge, Birgit Reiter
Lektorat: Diane Zilliges
Bildredaktion: Petra Ender
Umschlaggestaltung und Layout: independent Medien-Design, Horst Moser, München
Herstellung: Susanne Mühldorfer
Satz: Ludger Vorfeld
Repro: Longo AG, Bozen
Druck & Bindung: Firmengruppe appl, Wemding

ISBN 978-3-8338-3389-2

1. Auflage 2013

Umwelthinweis

Dieses Buch ist auf PEFC-zertifiziertem Papier aus nachhaltiger Waldwirtschaft gedruckt.

Bildnachweis

Covermotiv: Fotolia, Plainpicture
Fotoproduktion: Petra Ender S. 2 rechts, 8, 10-11, 13-15, 19 oben rechts und unten rechts, 20 oben rechts und links, unten rechts, 23, 26, 28-33, 35, 38, 40, 51-52, 55-57, 60-61, 63-64, 68-69, 73, 98-99. 102 oben, 103, 107, 110-112, 115, 119-122, 124, 127, 128, 131-135, 138-139
Illustration: Berit Wenkebach
Weitere Bilder
Phuong Heintze: S. 7
Simone Kreisbeck: 95-97, 101 oben links, 118
Svenja Walter: S. 2 links, 3, 12, 15 rechts, 16-18, 19 oben links, 25, 34, 36, 39, 41-49, 53-55, 58, 66, 70-72, 74-77, 79-86, 88, 90, 92, 100, 101 oben rechts u. unten, 102 unten, 103 oben, 109, 113-114, 117, 130, 140
Stockfood: S. 78.
Syndikation: www.jalag-syndication.de

Liebe Leserin, lieber Leser,

haben wir Ihre Erwartungen erfüllt? Sind Sie mit diesem Buch zufrieden? Haben Sie weitere Fragen zu diesem Thema? Wir freuen uns auf Ihre Rückmeldung, auf Lob, Kritik und Anregungen, damit wir für Sie immer besser werden können.

GRÄFE UND UNZER Verlag
Leserservice
Postfach 86 03 13
81630 München
E-Mail:
leserservice@graefe-und-unzer.de

Telefon: 00800 / 72 37 33 33*
Telefax: 00800 / 50 12 05 44*
Mo–Do: 8.00–18.00 Uhr
Fr: 8.00–16.00 Uhr
(* gebührenfrei in D, A, CH)

Ihr GRÄFE UND UNZER Verlag
Der erste Ratgeberverlag – seit 1722.

 www.facebook.com/gu.verlag

Ein Unternehmen der
GANSKE VERLAGSGRUPPE